U0904803

· 韦力工作照

· 顾明远先生为《韦力教育文集》题词——“为国育才，治校先贤”。

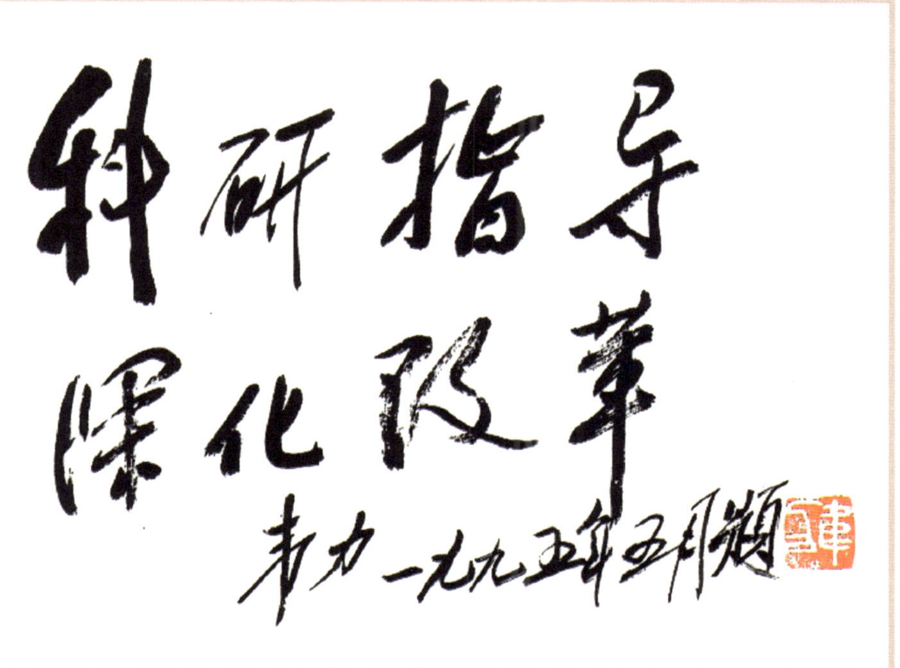

· 韦力高度重视教科研对学校管理和教育教学工作的促进作用。图为1995年5月，韦力为天津一中校刊创刊号题写的寄语“科研指导，深化改革”。

· 2007 年，在天津一中建校六十周年之际，韦力将数十年办学治校积累的宝贵经验概括为“四贵四第一”，即“校贵质量，校风第一；教贵育人，师德第一；学贵精博，智能第一；管贵效益，威信第一”，并应学校之邀题词。

· 韦力毕生丹心向党，矢志教育报国。图为韦力在 94 岁高龄时，为天津一中建校七十周年题写的贺词“与祖国共辉煌”。

韦力
教育文集

WEILI JIAOYU WENJI

《韦力教育文集》编委会　编

天津出版传媒集团

天津教育出版社
TIANJIN EDUCATION PRESS

图书在版编目（CIP）数据

韦力教育文集 /《韦力教育文集》编委会编 . -- 天津 : 天津教育出版社, 2023.12(2026.2 重印).
ISBN 978-7-5309-9109-1

Ⅰ. ①韦… Ⅱ. ①韦… Ⅲ. ①基础教育—教育工作—文集Ⅳ. ①G63-53

中国国家版本馆 CIP 数据核字(2023)第 247316 号

韦力教育文集
WEILI JIAOYU WENJI

出版人 黄 沛

作　　者 《韦力教育文集》编委会
责任编辑 董玲岑
装帧设计 郭亚非

出版发行 天津出版传媒集团
天津教育出版社
天津市和平区西康路 35 号 邮政编码 300051
http : // www. tjeph. com. cn

经　　销 新华书店
印　　刷 天津中图印刷科技有限公司
版　　次 2023 年 12 月第 1 版
印　　次 2026 年 2 月第 2 次印刷
规　　格 16 开（787 毫米×1092 毫米）
字　　数 234 千字
印　　张 16.75
插　　页 10

定　　价 78.00 元

编　委　会

序 言

经过近一年的努力，《韦力教育文集》终于要出版了！

这本文集是通向韦力这位百岁老人思想深处的一座桥梁。这篇序言，既是我们对编辑文集过程的回顾，也是为阅读此书的人准备的一篇导言。

韦力老校长是天津一中教育事业的主要开创者，是在新中国教育史上具有一定影响力的优秀基础教育工作者。他与上海育才中学原校长段力佩先生并称为“北韦南段”，在全国基础教育界享有盛誉。在七十余年的革命生涯中，特别是担任天津一中校长的四十一年间，他围绕共产党人应当办什么样的教育、应当如何办好教育的问题，开展了一系列具有开创性的探索和实践，积累了很多为党育人、为国育才的宝贵经验，使天津一中成为共产党人办教育的典范。

对于天津一中的师生而言，“韦校长”这个称谓是让大家倍感亲切和温暖的词汇。老校长在工作中的坚毅、睿智、亲和、细致，让曾经和他一起共事的同志们难以忘怀，受益多年。留存老校长大量影像和文字的校史馆，成为几代人砥砺教育初心、温润教育情怀的精神殿堂。历经

数十年的传承与弘扬，韦力老校长的党性修养、领导艺术和工作智慧，已经内化为一中人的集体人格、思维方式和行为准则。

2023年，恰逢韦力同志诞辰百年。为了表达对老校长的深切怀念，为了深入地研究和推广天津一中教育事业的成功经验，学校制订了系列纪念活动方案。这套方案在酝酿过程中，得到了天津市教委领导的关怀和指导，也征求了众多校友和在学校工作过的老同志的意见和建议。在纪念活动中，整理出版韦力老校长的文稿是一个重要项目。

在很多老同志的印象中，老校长思路清晰、口才极好。他在全体会等各种校内会议以及各类校友联谊活动上的讲话，都会让在场的师生和校友聚精会神，听得津津有味。作为在全市、全国乃至亚太地区具有引领作用的基础教育专家，老校长经常参加各类学术活动，针对基础教育改革发展中的热点问题，结合天津一中的实践，进行提炼、反思和总结。作为两届全国人大代表和基层学校管理者，老校长高度关注办学治校、人才培养、教师队伍建设的方向和标准，对于一些亟待解决的问题、容易忽视的现象、需要关注的苗头和值得推广的经验进行了深入的调查研究，向教育行政部门和专业研究机构提出了很多意见和建议。

老校长在谈到校长素养时，曾经提到要做“教育实干家”。其实，他本人既是一位脚踏实地、雷厉风行、敢于并善于攻坚克难的实干家，更是一位踏实钻研、深入思索、勤于并乐于总结经验、交流思想、凝练智慧的学者。他留下的很多“金句”，至今仍是我们治校、育人、从教的重要参考，甚至是工作原则。特别是在遇到困惑、面对抉择时，这些口诀式的真知灼见能让我们在忙碌和焦灼的时候静下心来，叩问初心，拨云见日。当下，教育改革步入深水区、学校发展处于关键期。我们愈加感觉到，对这些“金句”进行深度挖掘，回溯以老校长为代表的老一代一中人的思想历程，寻找一中精神的文化源头和实践源头，是当前必须大力推进的一项工作。这不仅仅是为了传承、纪念，更是为了坚定我们办高品质教育的文化自信、强化我们培育面向未来之英才的历史主动。

受到历史条件的限制，老校长的文稿在此之前没有进行过系统的整理。与他相关的工作记录存在一些缺失。为此，学校在2023年初就决定借助纪念老校长诞辰百年的活动，向各界校友和老同志征集各类历史资料。这一过程中的很多细节让我们真切感受到老一辈教育家的情怀和热忱。在清华大学长期从事校务管理工作的老校友范宝龙老师，一直关注并支持着一中的发展。在筹备纪念活动的过程中，范老师不仅向我们介绍了清华大学校史馆在挖掘历史资源、推进文化建设上的宝贵经验，而且提供了大量历史资料、对纪念活动的设计方案提出了很多颇具启发性的建议。范老师珍存多年的和老校长的通信，让我们理解了校歌中那句“尊师爱生情意长”的真谛。在采访老同志的过程中，我们多次被他们在回忆老校长时潸然泪下的场景所感动。那些学校发展史上勠力同心的动人画面如在眼前。在搜集资料的过程中，我们惊讶地发现，早在20世纪80年代初，天津一中的教学工作常规就已经成为外省市很多学校学习借鉴的对象。这些文稿之外的“文稿”，让我们进一步走入了老校长的内心世界，对他的风骨和智慧有了更为直观的认知。加

上后续的文稿整理过程，我们切实感到，这并不是一项简单的编辑工作，也不是在为某一个人立传，而是在为学校修史。而就毕生丹心向党、矢志教育报国的老校长而言，我们甚至可以说整理文稿的工作是在为新中国的教育史写下坚实有力的一笔！

老校长在投身一中教育事业的四十一年中，所述所作非常之多，但有些未能留下文字记录。我们此次在编辑文集过程中，收集整理了目前所能见到的老校长公开发表的讲话稿、学术文章以及采访报道共计三十余篇，跨度从20世纪60年代到21世纪初。由于老校长对一些问题的思考和探索是具有持续性的，因此在文稿中存在着一些带有重合性的论述。为此，我们反复研读，结合文章撰写时间的先后，研究阐述的细微变化，确定收入文集的具体篇目。经过几个月的学习和整理，最终确定了二十三篇文章收入文集。文集中收入的文章，系作者写于不同时间的基于教育实践的理论思考和经验感悟，时间跨度大，涵盖范围广，其中既体现了一名有理想有担当的教育工作者不断成熟的思想轨迹，同时也留下了时代在发展过程中在教育领域的激荡印痕。这些文章，大多在篇末标注了发表之处与发表时间，但这仅起到信息参考的作用，其中的文字，在这次文稿的编辑加工过程中，做了不同程度的修改。在文章编排上，我们采取了“专题为主，时间为辅”的原则，将文章划分为办学治校、教学改革、校长素养、师资培养、学生发展、感言寄语、采访报道等七个专题，并为每个专题撰写了一篇导言以便于读者阅读和学习。

细读这些文章，我们发现了如下三个特点。而对这三个特点的思考，也促使我们对老校长那一代教育人的志量与才情、思索与奋斗、使命感与责任感有了新的认识。

特点之一，鲜明的问题导向。

认识和解决问题，是形成和发展思想的关键一步和动力所在。曾几何时，不满三十岁的韦力同志，带着“办共产党人的学校”“做共产党人的教育家”的使命和任务来到天津一中。而天津一中在当时是全市仅有的几所公立学校中最优秀的一所，每到招生季都会迎来众多贫寒学子的争相报考。如何让这所学校成为惠及更多人民群众的共产党人办教育的典型？这个问题成为老校长带领天津一中人艰苦奋斗几十年的源动力。伴随着新中国建设事业的曲折前行，教育事业也在不断探索中遇到一次次挑战和机遇。在这一具体实践中，老校长以其坚定的共产主义信仰和敏锐的洞察力和判断力，为一中乃至整个基础教育的发展校准方向、寻找具体路径。怎样沿着社会主义方向办学？怎样在拨乱反正的背景下凝聚人心、抓好风气？怎样把“三个面向”这样的对教育改革具有引领意义的时代要求融入基层单位的实际工作中？怎样在过分注重分数的趋向下把握好育人的标尺？怎样让学校的管理更加符合教育工作的规律和特点？怎样激发教师的职业理想而不是仅仅停留在技能上和周而复始的循环中？以上这些都是老校长曾经面对、思考和解决的问题。这些问题中的很多，在今天看来，仍然是全面深化教育改革在基层教育治理中的难点和堵点。老校长在文章的字里行间表达出的坚持、倡导、动员、反对，体现出的严肃、客观、坦诚、直率，让我们不仅找到了解决问题的经验，更找到了面对问题和思考问题时应有的作风和态度。

特点之二，突出的实践特色。

实事求是，是马克思主义的精髓和灵魂所在，是共产党人想问题、办事情的基本方法。一个“实”字，也是天津一中人几十年来秉持的做人做事的风格。被老教师们尊称为“无产阶级教育家”的老校长，正是这个“实”字的突出的提倡者和践行者。他所撰写的文章，没有任何一篇是“空中花园”，也没有任何一篇是纯粹的理论探讨。从话语风格看，政工干部出身的老校长，非常善于总结和提炼。“四心”“四不倒”“五抓五讲求”——这些口诀一样的经验，脍炙人口、易于记忆，在读过文章之后就更让人印象深刻。这些口诀中凝练的，既有老校长对于教育学、管理学进行深入学习后形成的理论认知，更有他从实际工作和调查研究中形成、检验、完善的实践体验。无论是对于“三个面向”这一大势的宏观把握，还是对于课堂教学方法这一细节的微观考量，老校长写出的文字，都能体现出明确的靶向特征，提出具有结构性、程序性和实操性的一二三四。这种朴实无华的文风和实实在在的作风，对于我们今天的工作而言，是很有启迪和借鉴意义的。

特点之三，强烈的前瞻意识。

战略和策略的关系，是我们在处理工作时必须着力把握的一种关系。尤其在基层单位中，我们容易陷于事务性工作，更多地进行的是策略的思考。对于具有前瞻性、全局性、系统性的战略思考进行得相对不足，甚至是存在欠缺。教育工作，看似周而复始，实则瞬息万变。一道习题，一本教材，一种教学方法，再到一所学校——哪一个是能够与日新月异的时代相脱节的？这就更加需要教育工作者与时俱进，多在实践和反思的基础上进行具有前瞻性的思考、规划与尝试。虽然老校长在一所学校工作了四十一年，虽然几十年都是处在校长这一固定的岗位，但他从来都不会稳坐在经验主义的办公椅上，从来都没有“一竿子插到底就上不来”地陷入事务主义的樊笼中，而是沿着社会主义方向进行着持续不断的前瞻性、规律性思考。比如，天津一中的校训——坚定正确的政治方向、艰苦奋斗的作风、自理自学的能力——就是他在20世纪80年代经过大量调研和反复思考概括出的育人真知。最初的表述是坚定正确的政治方向，自治、自学的能力，艰苦奋斗的作风。而这其中的措辞变化、顺序变化，体现出了他对于人才素质结构的反复酌量。再联系到我国几十年办教育的经验和“三个面向”的宏观大势，身处今天的我们就更能感觉到这三句话构成的人才设计图的科学性和前瞻性。我们今天所谈到的有关时代英才核心素养的新认识，在实质内容上和这三句话可以说是高度契合的。在对校友的感言寄语中，在面对记者的采访时，老校长对毕生工作进行了总结回顾，表达出对于教育事业和一中学子持续发展的殷切期望。这些话语不是预言，但我们今天的工作已经印证了这些观点的正确性。

以上就是我们在编辑文集的过程中形成的几点感受和思考。步入新时代，我们日益感到，教育已经成为满足人民美好生活需要的重要领域之一。党和国家描绘的建设教育强国的蓝图以及亿万人民群众对于公平优质教育的热切期待，就是我们需要研究和回复的时代之问。历史是最好的教科书。老校长那一代人在呕心沥血的工作中形成的不仅是智慧，更是情怀，是境界，是信仰，而且是有极强现场感的价值导向，是近在咫尺、触手可

及的教育家精神。我们期待能有更多的读者和我们一样，从老校长的文章中，找准未来的赛道，找到属于自己的那根接力棒。

是为序。

《韦力教育文集》编委会

2023年11月

目　录

一、办学治校

二、教学改革

三、校长素养

四、师资培养

五、学生发展

六、感言寄语

七、采访文章

一、办学治校

天津一中有着同新中国一起成长，同社会主义事业共同进步的发展史。韦力同志在带领全校师生打造天津一中品牌的过程中不断总结办学治校的经验，为一中的持续发展提供了思想指引。本部分收录了韦力同志的六篇文章，凝结了韦校长带领天津一中发展前进实践中的大量宝贵经验。六篇文章重点关注怎样通过学校的管理与建设，为学生的学习成长营造良好的环境，培养德智体美劳全面发展、适应社会与国家发展需要的社会主义建设者和接班人。基于这一目标，韦力同志认为校长应从内部与外部两方面把握学校的发展方向。就内部管理而言，韦校长提出第一要树立正确的办学指导思想，将坚定正确的政治方向放在首位，抓好学校作风与风气；第二要改革和加强学校管理，学习现代科学，大力提高领导干部抓教学业务的本领和管理学校的能力。就外部条件而言，学校管理与发展应紧跟时代发展，紧跟党和国家的政策，在此基础上确定办学目标与育人方向。

教育兴则国家兴，教育强则国家强。习近平总书记在中共中央政治局第五次集体学习时发表重要讲话指出，

“以立德树人为根本任务，以为党育人、为国育才为根本目标，以服务中华民族伟大复兴为重要使命”，“培养什么人、怎样培养人、为谁培养人是教育的根本问题，也是建设教育强国的核心课题”。

在韦力同志办学思想的不断传承和发展创新中，在历届师生的不懈探索和追求中，一中逐步形成了“政治坚定、艰苦奋斗、自理自学”的校训精神内核，并结合校训概括出在新的历史条件下的办学理念，对“培养什么人、怎样培养人、为谁培养人”这三个关键问题作出了饱含实践经验和探索心得、富有创造性而又朴实的答案——“培养全面发展的人，用优良的校风、教风、学风去培养人，为社会主义事业培养接班人”，逐步走出了一条特色鲜明、成效卓著的育人道路。

贯彻党的十一届三中全会精神，实现工作重点转移

一中党支部在党的十一届三中全会精神指引下，初步实现工作重点转移。学校建立了以教学为中心，德育、智育、体育全面抓的稳定秩序，校风、校纪、校貌发生了很大变化，教育教学质量显著提高。为实现四化勤奋学习、坚持德智体全面发展的三好生的比重大幅度增长，今年上半年初中一、二年级和高中一年级受到市、区、校表扬的达125人，占学生总数的14%。在市、区举办的各科统考、竞赛中，学生成绩都达到优良水平。最近三年，高中历届毕业生每年300余人，考上大学的人数：1977年5人，1978年16人，今年达到55人（不包括“七二一大学”）。体育成绩也明显提高。90%以上的学生坚持上好“两操”“两课”，在市、区举办的球类比赛中，女排、乒乓球队分别获得亚军和冠军，学生体质呈现出上升趋势。

目前，学校干部、教职工思想基本统一到团结一致干四化上来，在以教学为中心，三好为目标，面向全体学生，全面提高教育质量的道路上稳步前进。在工作中，我们有几点体会。

一、把干部和群众的思想统一到党的十一届三中全会精神上来，抓好思想上的转移

党的十一届三中全会提出，党的工作着重点转移到社会主义现代化建设方面上来，具体到学校应怎么去实现这个转移，在干部和教师中存在不同程度的模糊认识，认为学校工作重点转移，就是要求干部、教师放弃思想政治工作，去单纯抓教学业务。有的领导干部说："今后多抓点教学工作就是转移了。"有的政工干部说："转移对我们来说就是转业。"不少教师认为："教师本来就在教学第一线，无所谓转移。"支部针对这些思想，通过学习和召开各种类型的干部、教职工座谈会，使大家在明确党的工作重点转移的根据和深刻意义的基础上，着重明确工作重点的转移对学校教育和干部教职工提出了什么具体要求，以及实现工作重点的转移与贯彻党的教育方针、全面提高教育质量的关系。大家认识到，学校工作重点转移就是要以教学为中心，以三好为目标，全面提升教育质量，为实现四化培养又红又专的合格人才。因此，大家都要跟上形势的发展，把自己的工作纳入为四化服务的轨道，为贯彻党的教育方针，提高教育质量作出贡献。

要贯彻党的十一届三中全会精神，就必须解放思想，要以"实践是检验真理的唯一标准"的思想原则为指导，总结历史和现实的经验，在教育战线的形势、知识分子队伍的估计、教育思想和教育方针等问题上拨乱反正，反复深入地批判林彪、"四人帮"，肃清极"左"路线影响，冲破"两个凡是"的束缚。只有这样才能端正思想路线，从而积极主动地深入实际，研究新情况，解决新问题，切实实现工作重点的转移。

林彪、"四人帮"极"左"路线的流毒至今还在禁锢着某些人的思想，使一些人心有余悸。例如，一个担任学科组长的老教师，工作一贯积极，领导推荐他去北戴河休养，他找了种种借口不去，最后才说了真心话："怕将来给领导找麻烦。"一位祖父辈是官僚的教师，教学水平极高，工作认真负责，领导对她进行了表扬。这却招来个别人的担心，质疑领导在依靠什么人的问题上是否有路线问题。还有一位教师刚落实政策，重新上了讲台，教学效果好，得到师生的称赞。而一位在"文化大革命"中搞过专案的人竟说："他又来劲儿了，忘记那个时候了。"这位教师听了，一夜没有睡着觉。我们针对这些问题，组织干部、教师学习党的十一届三中全会文件，以三中全会精神深入批判林彪、"四人帮"极"左"路线；并结合实际讨论了"让有业务能力有教学经验的老教师把教学关，是不是维护资产阶级知识分子统治学校""调动出身不好或历史上有问题但不是敌我矛盾的教师的积极性，肯定他们的成绩，推广他们的经验，是不是重才轻德，在用人上是否违背了党的阶级路线"等问题，澄清了思想是非。在行动上，领导公开表态，旗帜鲜明，对拥护十一届三中全会精神、表现好的教职工，不管出身和历史如何，一律加以肯定和表扬。那位祖父辈是官僚的教师，经群众推荐，学校领导上报，被评为区级先进教师。对那位刚落实政策重新走上讲台的教师，给予其做示范课的机会，并安排他为备课组长。我们就用这些实际行动表示领导的决心，从而对群众进行实际的生动的教育。

在今年三四月份，社会上出现干扰十一届三中全会精神的逆流时，在我校部分干部和群众中也出现了一些波动。有的同志或隐或显地表示：思想解放是不是过头了？青年中出现的某些问题是不是和重点转移有关？部分教师在教学指导思想上也出现了受"两个凡是"的束缚，到"语录"中找依据的明显倾向。针对这种现象，支部结合"四个坚持"的教育，号召大家坚持三中全会精神，继续解放思想，从实际出发，改革教学，总结经验。领导干部带头肯定和

借鉴被林彪、“四人帮”否定了的历史的和外国的行之有效的教学经验，如教学工作的常规和课堂教学的一些必要环节，这在冲破“两个凡是”的束缚上，起了表率作用。这样，把大家的思想统一到了十一届三中全会的精神上来，形成上下一心、全力实现工作重点转移的局面。

二、抓好领导班子建设，建立适应工作重点转移的坚定得力的指挥部

领导班子建设最根本的是思想政治建设，必须端正对十一届三中全会的态度。我们一中领导班子，通过认真学习十一届三中全会文件，对十一届三中全会的精神、方针政策，打心眼儿里拥护，能够自觉地以十一届三中全会精神为指导，培养干部，带领队伍，形成了比较得力的指挥部。

为了适应工作重点转移的需要，我们大力提高领导干部抓教学业务的本领和管理学校的能力，建成内行领导班子。我们采取了增加内行领导成分和变半内行为内行的办法。我们吸收了一个有业务工作经验、懂教学的老教导主任入党，并提拔他为副校长，另外又配备了一个内行副校长，使领导班子中的内行占五分之三的比例，成为一个对文理科教学、政治、后勤全能抓起来的整齐的班子。

在班子建设过程中，我们还建立了领导工作常规和指挥系统。在支部领导下，建立了由校长指挥的抓教学管理、学生思想政治教育、体育卫生和教学工作的行政组织体制。这是实现全面贯彻教育方针，使学生德智体都得到发展的组织保证。

我们健全了学生思想政治教育、教学、总务和体育卫生四个指挥系统，即由分管思想政治教育的校长、政教处、班主任组成的学生思想政治教育的指挥系统；由分管教学的校长、教务处、各学科

和年级备课组组成的抓教学的指挥系统；由分管总务的校长和各业务组组成的总务指挥系统；由分管体育卫生的校长、体育卫生委员会、班主任和学生中的体育委员组成的体育卫生指挥系统。这些指挥系统都要定期召开专业会，分析情况，提出指导意见。校长要定期或不定期召开行政会、年级教导会，协调各系统的工作。校长通过组织各系统的工作分析研究会和平时的督促检查工作去指挥和推动各系统的工作。支委会以抓教学为主，全面分析研究学校的工作，并建立领导工作常规，校长通过各指挥系统贯彻支部决定。这样，整个学校就像一台机器，能够和谐地在以教学为中心、三好为目标，全面提高教育质量的轨道上运转起来。

发挥领导干部的表率作用，认真转变工作作风，是保证学校的工作计划全面落实的关键。我们在实践中深深体会到，领导班子要有这样一种精神状态：一股坚韧不拔的劲头，一种拼命干的精神。在恢复党的传统作风方面，逐步培养起一个积极态度和六个自觉。一个积极态度，即从自己做起的认真负责态度，每个成员要发挥主观能动性，千方百计做好自己的本职工作，绝不等靠要。六个自觉是：①自觉在群众中起表率作用，绝不搞特殊化。领导要求群众做的事自己先做到。②自觉坚持辩证唯物主义思想路线，面向实际，深入自己分管工作的第一线，在调查研究基础上指导工作。抓教学的书记、校长、副校长做到每人每学期听课达六七十次，并经常参加学科备课和教研活动。③自觉坚持群众路线和民主集中制，在制订工作计划、考虑人事安排、平时处理问题时，都广泛听取群众意见，到群众中走一两个来回，然后再正式作出决定。④自觉维护团结，反对派性。做到对职工一视同仁，高度警惕拉帮结派的不正当行为，处事公正，一切要按党的政策办事。⑤自觉警惕和反对官僚主义。绝不把自己凌驾于组织之上，注意发挥集体领导作用；不敷衍塞责，饱食终日，无所用心；做到自己动手写计划，写总结，写讲稿。⑥自觉坚持又红又专的方向，提高自己的领导能力。我校书

记、正副校长坚持听教育局举办的各种讲座，认真钻研党的方针、政策和自己分管的工作业务；熟悉自己分管工作的全过程，注意研究问题，总结经验，力求使自己尽快成为内行。

三、贯彻“调整、改革、整顿、提高”的八字方针，建立适应工作重点转移的学校秩序

我们全面抓了教育教学业务和管理工作的调整、改革和整顿：①本着充分调动教师积极性，发挥有较高业务水平和丰富教学经验的教师在教学中的作用的精神，改革了教学管理体制。改教研组为学科组，使之成为领导教学的基层组织。学科组长根据教学大纲和校长的工作部署，具体领导所属学科的各年级备课组。学科组长对校长负责，做好本组教师的思想工作，提高教师业务水平，改革教学方法，落实教学大纲要求，把好教学质量关。同时成立了学校教研室，吸收老教师参加，成为校长指挥教学工作的参谋部，负责总结教学经验，搞调查研究，培养青年教师，做教改示范，出统考试题等。②根据教学管理体制的要求，调整教学骨干力量：安排年富力强，既有教学经验，又有组织能力，能做思想工作的教师做学科组长；把有经验、教学水平较高而不善于做组织管理和思想工作的老教师从学科组长岗位调到教研岗位。这样，对教学骨干做到尽其所长，避其所短，人尽其才，各得其所。③整顿教学和工作秩序。我们按年级建立了质量把关和验收制度；以提高质量为原则，建立了干部、教职工的岗位责任制和成绩考核评定制度；建立了备课、作业批改评讲、辅导、学生成绩考核评定等制度，并制订了教师教学工作常规；从培养三好学生和培养学生自治能力出发，建立了班主任工作常规；以为教学服务、为师生生活服务为目的建立了教务、总务工作常规。通过教学体制、骨干队伍、教学业务和管理工

作的调整、整顿，巩固和健全了良好的教学和工作秩序，极大地调动了教师为革命而教、干部职工为革命而工作的积极性，加强了责任心。学校各方面工作，做到围绕教学工作有秩序地进行。

在调整、整顿的同时，我们集中力量抓了课堂教学质量。第一步，针对“四人帮”的干扰破坏造成的备课不认真、课堂教学无计划、教学工作工序不完整等混乱状况，我们提出上好每堂课的要求，帮助和指导教师把精力集中到搞好课堂教学上来。以搞好课堂教学为目标改进教学工作环节，做到教学工作规范化。通过这个步骤，各学科建立了教学工作的正常秩序，多数教师不再是现趸现卖、教一课备一课，初步提高了集体备课和个人备课质量。在此基础上，我们提出了加强教学的针对性和目的性的要求，促使教师了解学生实际，解决教与学的矛盾，克服教学中的主观和盲目性。我们要求教师在吃透教材、掌握学生情况的基础上，确定教学目的，制订教学计划，研究一堂好课的标准，探索达到好课目标的道路。为此，我们开展了研究课的观摩活动，切实抓好同头教师轮流搞研究课活动，帮助每个教师努力达到教授一堂好课的标准。在经过实践、取得经验的基础上，我们又提出课堂教学质量标准的问题。要求提高学生对课堂所学知识的吸收率、巩固率、应用率。通过这些步骤，引导教师去研究学生，研究教学过程，认识和掌握教学规律，一步一步地改革教学方法，提高教学质量。

通过前一段的实践，我们体会到，贯彻“调整、改革、整顿、提高”的八字方针，必须大力提高课堂教学质量，使教学任务在课堂四十五分钟内基本落实。只有这样，教师才能从繁重的教学负担中解放出来，对学生全面负责，使学生德智体全面发展，以全面提高教育质量。

四、切实改进和加强思想政治工作，明确思想政治工作的任务就是保证工作重点转移顺利实现

我们在彻底批判林彪、“四人帮”破坏党的思想政治工作传统的基础上，要求党员、政工干部自觉清除思想政治工作中的帮风、帮调、帮法的流毒影响，继承和发扬党的思想政治工作要结合业务去做的传统，坚持辩证唯物主义的认识路线，实事求是，扎扎实实，不搞任何形式主义。具体做法是：①强调领导干部、政治工作人员、党员和骨干教师，坚持实事求是的工作作风，自觉起到模范带头作用。例如，我们在开展学英雄的活动中，首先从党支部的成员和团委书记等做起，要求他们身体力行，在教师和学生中起表率作用。学生看到主要领导干部的表现，很感动。领导在群众中有了威信，向群众进行教育才有人信，才有说服力。②根据形势变化，结合群众思想实际，提出思想政治工作任务，教育群众跟上形势，从而推动学校各项工作的开展。在党的十一大以后，针对“四人帮”流毒影响造成的无政府主义严重，学校秩序混乱，指挥不灵，领导讲话无人听，工作效率低下的情况，我们提出了思想政治工作的“四抓四讲求”：抓舆论，讲求思想领导；抓措施，讲求工作任务落实；抓作风，讲求实效；抓团结，讲求公正正派。当时，我们抓了不利于贯彻民主集中制的舆论，进行思想领导。例如，“四人帮”散布的“矛头向上就是大方向”“只有落后的领导，没有落后的群众”等，这种流毒造成群众对于对领导不负责任地乱指责、乱评论，甚至污蔑谩骂的行为，不以为怪，习以为常，严重影响支部领导的威信。有的骨干把“对上顶着点，对下顺着点”作为自己取得群众拥护的行动准则。有个学科组长，在全校贯彻支部工作计划时，既提不出贯彻落实的打算，也提不出合理修改意见，反而有些

冷嘲热讽，态度不够严肃；还有一个骨干教师不同意支部提出的“不要在群众中不负责任地评论领导”的说法，他认为“群众对领导就得评头论足”。支部抓住这种典型事例，在群众会议上旗帜鲜明地提出：欢迎群众对领导的监督和批评，但也反对那种不负责任地丑化领导、损坏领导形象的冷嘲热讽。与此同时，我们采取各种方式邀请群众评议和批评，收到了较好的效果。这样，我们通过抓典型、抓舆论，进行思想领导，扫除了贯彻民主集中制的思想障碍。③从培养学生的自治能力、培养团干部的独立工作能力入手，恢复团队工作传统，发挥团队在学生思想政治教育方面的主力军作用。经过一年多的努力，我校已有三分之一的团支部能够独立开展工作。全校团队活动已纳入以教学为中心、三好为目标，做好学生思想引领，起好带头作用的轨道。

最后，我们深切体会到，为了贯彻十一届三中全会精神，实现学校工作重点转移，我们对办好学校教育必须有强烈的革命事业心和责任感，这是推动我们前进的强大动力。为了把林彪、“四人帮”破坏教育事业所造成的损失夺回来，我们立志要在三年内把一中恢复到“文化大革命”前的水平，争取五至八年在文化科学教学水平上赶超国际先进学校。我们在当前极端困难的条件下，提出这样的远景设想，是自己给自己找压力，目的是激励自己前进。我们深刻感到，这是党的十一届三中全会对我们每个党员干部提出的要求，是我们执行党的实现四个现代化的政治路线的责任感和紧迫感的表现。我们应该如此，不如此，心不安，过不去！

发表于《天津教育》1979年第11期

对中学教育研究的一些想法

民盟组织了这个“中学教育研究座谈会”，在座的多是白发苍苍，甚至有些老同志多年患病，扶杖而来。大家有个共同的愿望，要总结天津市老教师、老教育家多年的经验，用几个专题把这些宝贵经验组织起来、系统起来，成为我们共同的财富。这个工作是迫在眉睫的。现在初步考虑了六个专题：①中学生的特点和发展规律。②中学生的智力发展和中学智育。③中学生的思想品德发展和中学德育。④中学教师队伍建设。⑤中学校长的自我修养。⑥中学管理工作。

这个座谈会的活动方式是每个专题有中心发言，然后广泛组织讨论，共同研究总结。我们总结出来的是“土特产”，是天津这个特定地区、今天这个特定环境下成长的青少年，在中学学习阶段，在我们现有水平上所取得的经验。民盟的同志要我来作中心发言，我愿把自己想到的一些问题提出来，向各位请教。希望能够“引龙出潭”，把各位的宝贵经验引出来。

我在学校工作二十多年，碰到过许多问题，动了些脑子，常常感到一个矛盾。一方面，学生在成长过程中，个人努力和主观能动性起决定性作用。再好的学校，再好的教师，学生自己不去学，不去奋斗，谁也奈何他不得。我在一中送走了两代学生，凡是成才的，有成就的，都有个人奋斗的色彩，主观能动性得到充分发挥。教师的教学效果，学校的教育质量，最后决定于学生自己的努力奋斗。从哲学上讲，这叫作外因通过内因起作用。另一方面，历来的教育理论，常常把学生摆在受事位、被动地位。都是讲我要对学生进行什么教育，培养学生的什么能力……给人的感觉，学生是被动的、被支配的。思想上是这样的，教学上又偏偏要求他积极主动起来，目的是让他扩大容量，多接受我给的东西，把他当作容器，口袋敞得大一些，配合我。这样要求提高教学质量，有南辕北辙之感。

去年我在学校提出：教学，是师生的双边活动，是两个主动性的结合。学生是学习的主体，教师要以抓学生的思路为主线，不要以抓教材顺序为主线，抓住学生思路，发挥教师的主导作用。这样一提，有了反映，风乍起，吹皱一池春水。有的同志怀疑，这是否会导向西方的“儿童中心论”？我清楚地感到两者有明确的界限：第一，“儿童中心论”反对学习系统的科学知识，以儿童需要为中心，反对固定的课程；第二，“儿童中心论”反对教师的主导作用，认为教师只起顾问作用，从旁指导。根据这两点，我们不是西方的“儿童中心论”。

怎样进一步把思想明确化呢？

去年和民盟的同志一起去福建学习，听一些老教师讲课，听他们介绍经验，感受很深。离开福建之前，在座谈会上我感慨道：“看到了科学的教学，没有看到教学的科学。”那里许多老教师的经验没有被总结出来，没有系统化。不是他们没有，而是我们没得到。为什么得出这个印象？我发现福建有经验的老教师都把注意力放在研究学生上，研究他们怎样来学习这门课，怎么掌握知识的规律，以及在学习“双基”的过程中反映出哪些特点，怎么引导学生入我这一学科的门。对于“怎么掌握这个学科的体系”“要过几个关”“遇上多少个扣子”“需要掌握多少基本概念、基本方法”“最

后衡量他的标志是什么”这些问题他们都有一套经验方法。掌握了这些，教学中才能因势利导，充分发挥教师的主导作用。福建教师们的实践证明了在教学过程中学生是认识的主体这个想法。

我又回想起一中在过去十七年教学工作的情况，对照福建的经验，觉得很亲切，并不陌生。还不敢肯定这是不是教学成功的共同性的东西，或带规律性的东西。我们征求过一中校友们的意见，他们反映在一中学习时得到了三个好东西，是今天在社会上立足、成才的根基：①坚定正确的政治方向。具体体现是入学时戴着红领巾，摘下红领巾带团徽，团徽一摘就考虑入党，考虑为国家作贡献。总之，在坚持四项基本原则之下，天天向上。②两个能力。一个自学能力，一个自治能力。也就是自主获得更多知识的能力，自己管理自己的能力。这样就可以充分发挥个人能力，继续完善自己的知识。③艰苦奋斗的作风。在困难面前不屈服、不退缩。

有了这些基础，无论是在社会上立足，还是求得个人的发展与完善，根基是硬的。没有考上大学，自学成才，考上研究生的同学，不是一个两个，是批量的。

粉碎“四人帮”以后，一中恢复整顿，提高教学质量，从哪里入手？首先要求学生做自己的主人，做学习的主人。我们反复讲，知识要靠自己消化、吸收，变成自己的东西。当时学生的基础差，补课之风盛行，晚上不回家，在学校过夜。我们没有这样干，还是注意培养学生的能力，发挥学生的主动精神。最近有个高中学生总结学习经验，他说自己入了门以后，有了兴趣，知识的吸收量大大增加，好像是吃多少东西也不觉得撑。最后，他感慨道：“压力教学可以休矣！”我把他的话发展一下，把压力教学改为磁力教学就好了。

我们把学生主动学习的方法概括为“两先两后一总结”。即：先预习，后听课，先复习，后做作业；学习完了要总结，总结要抓思路、方法、心得，把知识结构化。我们想把它纳入课堂教学，抓学习方法的改进，推动教学改革，需要调动学生学习的主动性。学生学习的主动性不是千呼万唤出来的，而是用磁力吸引出来的。

实践证明，学生成为学习的主人，有了自学能力，有了完善自己能力的愿望，提高教学质量才有保证。我们提出通过“双基”落实来发展能力，又通过发展能力来落实“双基”，“双基”和能力相辅相成，并肩前进。“双基”、能力、方法、学风一起抓，从育人的角度，从培养人才的角度去抓教学，才能显著提高教学质量。

但是这个思想要被全体教师掌握，真正形成教师的思想方法、工作态度、工作作风的指导原则，是不容易的。

最近介绍了不少外国的教育理论，赞可夫、布鲁纳、皮亚杰的心理学等，大家看了也有启发，但是教师不容易掌握，更不易运用。问题在哪里呢？经过思考，我发觉这似乎是两套东西：过去的是老路子，老调子，老套子；这些东西是新路子，新调子，新套子。两路货色，有物质不可入性。要真正转变教育思想，光介绍一些做法，拿这套东西放到那套东西里去，教师们不是浅尝辄止，便是知难而退。再加上高考升学率把学生压得形变，把教师压得形变，把学校压得形变，搞这一套就没什么意义了。

我们的教育思想是由过去传统的教育理论形成的。教育，就是传授知识和接受知识。老师传授，学生接受。老师按教材顺序传授，学生按老师讲的顺序接受。老师对教材没有主动性，学生对老师的讲授也没有主动性，这已是定型的模式。想拦腰插进几个新的方法，困难重重，插不进去。

从来的教育学就是研究传授知识的规律，如“双基”与能力的关系等。学习这些有好处，但没有抓住要害。经过一段摸索试验，我们感到研究学生的学习规律、认识过程，这是一个突破口。从这里突破，去改变老路子、老调子、老套子，把“双基”教学与发展智力、培养能力统一起来，变成自觉的教学要求。

研究学生的学习规律，老教师最有发言权。老教师最懂得怎样

教好学生，怎样把他们的积极性调动起来。老教师有丰富的教学经验，是富矿，是宝藏。大家总结经验，贡献出来，这是一项很有希望的智能开发。我愿意主动地向老教师学习，大家共同为提高全民族的科学文化水平作出贡献。

收录于民盟天津市委员会宣传部编：《中学教育研究资料》1981年4月25日

实现“三个面向”怎样起步

去年10月，邓小平同志给景山学校的题词“教育要面向现代化，面向世界，面向未来”，集中体现了党在新的历史时期教育工作的战略思想，具有深刻的理论意义和实践意义，它为教育工作开创新局面指明了方向。

“三个面向”含义深广。本文试图结合学校教改实践，就实现“三个面向”怎样起步的问题，谈几点体会。

我们体会“三个面向”对学校提出的要求是培养具有时代水平的人才。它要求学校教育围绕培养目标的时代水平这个问题，转变教育思想，更新教学内容、手段，改革教学方法和管理方法等。

根据上述理解，我们认为，第一，要认清培养目标的时代水平。所谓认清培养目标的时代水平，就是要明确教育要适应我国社会主义经济建设和社会发展需要，建设具有中国特色的社会主义这样一个根本指导思想。用这个思想培养学生，使他们的发展水平达到时代要求。为此，就要研究我国经济建设和社会发展的现状及其对教育提出的要求，还要了解世界科学技术发展的水平及其趋势，从而把握培养学生的质量标准和时代水平。我国的社会主义现代化建设，对外实行开放政策，目的是借鉴世界各国现代化的经验，学习和吸收世界各国的先进科学技术，加速我们的现代化建设。学校

培养适应现代化建设需要的人才，一方面要面向世界，引导学生学习外国的科学技术；另一方面要立足于我国社会主义现代化建设需要，要用共产主义的思想、理想、信念、道德去教育和武装学生，使他们在与外国人交往、吸取外国科学技术成果时，具有鉴别和消化能力，做到洋为中用，为社会主义建设服务。这是具有时代水平人才的首要素质。

第二，为了适应当前知识突飞猛进、科学技术面貌日新月异的时代特点，学校培养人才要着重培养和发展他们的智能，使他们具有较强的自学能力和创造能力，以适应现代化建设的需要。当前教育界、科技界人士普遍认为基础扎实、知识面广、智能较高等素质，是对具有时代水平人才的要求。

由此可见，学校教育要实现“三个面向”，就要考虑怎样适应现代化建设的需要，培养学生成为有理想、讲道德、有文化、守纪律的人才。为此，我校抓了下面几个环节。

一、着手普及计算机，开发人脑

当前，计算机科技发展和计算机应用的普及是新的技术革命的内容之一，世界各国都在为适应这场革命做好物质和人才准备，我国也应采取相应的对策。计算机的功能日趋多样化、复杂化，为应用计算机准备的人才，智力发展水平要求越来越高。培养适应这种需要的人才的学校教育就必须着手普及计算机，开发人脑。

邓小平同志指出，“计算机的普及要从娃娃做起”。在中学普及电子计算机知识不仅必要，而且可能。第一，学生学习电子计算机的积极性很高，掌握计算机的基础知识、基本技能也较快。半年多来，我们学校在高中二年级以开设选修课形式，在高一以下年级以课外科技活动的形式，向学生普及电子计算机知识。高二学生自愿参加学习的占全年级总人数的92%，在高一、初一年级因条件限制，各成立一个学习小组，每组二十人。无论是上选修课还是参加小组学习的学生，始终以饱满的热情坚持学习。我们规定的教学目标是使学生初步了解计算机的组成及原理，能掌握Basic语言，并学会编制和调试程序；逐步培养学生的逻辑思维能力和应用计算机解决实际问题的能力。我们安排一学期课堂教学45学时，上机实习15学时。从1983年9月开课至1984年4月短短半年时间，便取得了可喜的成果，学生学习成绩普遍较好，初步实现了教学目标。上选修课的普通班学生，初步了解了计算机的基本构成、工作原理及其在现代化科技中的作用，能熟练地掌握Comx-35型机的使用，并会用Basic语言编制程序，能在机上加以调试，能初步用计算机解决一些实际问题，编制一些简单的教学使用的程序；初步具备逻辑思维能力和动手操作能力。提高班的学生（包括个别初一学生）在这个基础上，还能了解AppleII机的一些特殊指令、绘图功能及一部分机器语言，能编制较复杂的程序，解决教学或生活中的一些具体问题。部分学生独立自主编制的“波动方程分析”“运动方式分析”“凸多边形面积求法”“化学方程式配平”“离子方程式分析”“超级市场售货系统”“银行利息计算”等程序，获得专家们较好的评价。第二，普及计算机知识，需要的教师水平和设备条件不是太高，普通中学也完全可以做到。我们仅改装了两间教室，一间作机房，上机实习用，有十台Comx-35型机，两个学生用一台机器；一间上课用，设置容纳二十人的课桌椅。由三位任课教师组成电子计算机教学小组，负责教学和教学的组织、管理。三位教师，一位在大学数学系学了点儿计算机知识，其余两位原来都没有学过相关知识，他们仅仅经过一个月集中学习（每天三小时学知识，两小时上机器，其余时间自学）、一个半月的业余学习，就能上机教学，具备完成上述教学任务，并指导学生提高的能力。

电子计算机课的开设，不仅向学生普及了计算机科技知识，还

调动了他们学习其他学科知识的积极性，更为重要的是开发了他们的智力，发展了他们的智能。学生们认为：①由于计算机语言的各个语句及程序都有极严格的格式，不允许丝毫马虎，因此，培养了自己严谨的学习作风，促进自己学习规范化。②由于调试程序过程中，发现和纠正错误全靠自己，调试一个程序等于检查复习了全部Basic语言的知识，因此，培养了自我完善的能力。③用计算机解决一个具体问题，需要经历建立数学模型、寻找最简便的计算方法、编制程序和最后上机这样几个步骤。因此，培养和锻炼了自己的逻辑思维，特别是抽象思维能力。④扩大了知识领域，培养了深入钻研的精神，对学习理科知识有很大帮助。据统计分析，原本水平相当的两个班级，参加了计算机学习的班级和未参加计算机学习的班级成绩比较是这样的：

科目	参加了电子计算机学习的班级成绩		未参加电子计算机学习的班级成绩
	提高班成绩(分)	普通班成绩(分)	未开课班成绩(分)
代数	90.9	83.2	75.4
几何	86.1	85.5	80.3
物理	88.2	83.3	73.5
化学	88.7	85.6	81.1
外语	86	78.85	76.2

尽管开设电子计算机课的时间很短，但我们清楚地感受到它在改革教学方面的深远意义：计算机科技知识的普及必将极大地改变学校的教育面貌，改变学生的学习方式。

二、改革教学方式和教学体系

培养和发展学生智能为主的教学，课堂教学必须是“开发型”的，教学体系结构必须是多元化的。

教学方式方法是为实现培养目标服务的，是受培养目标制约的。教育的“三个面向”提高了对培养目标的要求，相应地也要求我们改变培养的方式方法。我们需要遵循“三个面向”的要求改革教学方式和教学体系。

当前，世界各国面临新的技术革命的挑战，都把教育作为重大课题进行研究，把改革教育、开发智力、培养具有高度发展智能的人才作为根本对策，作为在尖锐复杂的国际竞争中，战胜对手的主要手段。因此，教学论领域专家进行了深入研究，提出了一些符合学生智力发展规律的观点和理论。譬如，教学的任务不是单纯传授知识，而是通过教学来使儿童达到较高的发展水平；智育的主要任务是发展智力；学生是学习的主体，教学是要教会学生学习；等等。和这些观点理论相适应，提出了改革教学组织形式、教学内容、教学方法等各种主张和方案。这些理论、方案、方法都不同程度地从不同侧面反映了当前世界科技突飞猛进发展的特点，值得我们研究和借鉴。

毛泽东同志一再倡导教学要用启发式，废止注入式，要把注意力集中在培养学生分析问题、解决问题的能力上。多年的实践证明，遵循这个思想进行教学，在发展学生智能上有显著成效。当前愈发显示出这一思想的深刻性、正确性，应该成为改革的根本指导思想。

以发展学生智力、培养学生能力为目标，改革教学方式、教学体系的活动，今天已遍及全国，有不少学校取得了很好的成绩。但部分学校仍处在“理论好，就是实行不了”的阶段，在改改停停中徘徊。我们学校也经历过这样的阶段，经过系统工作，持久努力，终于突破了这种局面，初步实现教学“转轨”，并开始探索新的教学体系，朝“三个面向”起步。

教学“转轨”指由以传授知识为主要任务的注入型教学、“三中心”结构的教学体系，转变为发展智力、培养能力的开发型教学、多元化结构的教学体系，是教学体系的变革，是教学上的重点

转移，是一场系统的改革。从这个意义上讲，教育改革是一场深刻伟大的革命。我们是从转变教育思想入手，改革教学方法，推动教学体系的改革。

很难设想，不破除以传授知识为目的而建立起来的传统教学制度、教学组织形式和教学方法以及相应的教学思想、教学习惯，而单纯通过采用一些“启发式”的教学方法、学生自学式的教学组织形式，便能够由传授知识的教学转变为培养和发展智能的教学。一个教师在“授受”观点指导下来处理师生关系、教与学的关系时，不可能在实际上承认学生是主体。教师不认识到或不承认学生在学习过程中的主体地位，就根本不可能把注意力放在激发学生学习动机、引导学生进入认识的过程上，从而也就不可能对学生“授之以法”，引导学生“以法求知”，通过“智力操作”去获取知识，从而在活动中发展智力，等等。不转变教学思想，单纯去改变教学方法，其结果是“树根不动，树枝白摇，风来枝动，风过树静”。在实践中，我们感受到转变教学思想主要是转变“四观”，即学生观、教学观、智育观和质量观。学生观就是要改变把学生作为接受知识的客体的旧观念，明确学生是学习的主体，把教学过程中教师的主导作用和学生的主体地位统一起来；教学观就是要改变教学只是传授知识的旧观念，明确教学是贯彻党的教育方针、实现教育目的、全面育人的主要途径，在教学过程中要引导学生学习“双基”，发展智能，并促进学生思想、意志、情感、品德、行为、习惯、体力的全面发展；智育观就是改变智育的任务只是教知识技能的旧观念，明确智育的任务是要使学生在掌握“双基”的过程中发展智能，在发展智能的过程中掌握“双基”；质量观就是要改变单纯用分数的高低、知识的多少衡量学生的旧标准，明确用“双基”、能力、学风、方法四个指标衡量学生学习质量的高低。

改革教学方法主要从指导思想、基本原则上提出要求：提倡教学有法，教无定法；要求统一，风格多样；不搞固定模式，从实际出发，以提高效率为准则。在统一要求方面，要求实现三个统一：第一，教师的主导作用和学生主动性的发挥高度结合和统一。第二，“双基”教学和发展智力、培养能力、培养学风、训练方法、培养思想品德的有机结合和统一。第三，严格要求、严格训练和循序渐进、激发兴趣、树立信心的结合和统一。

为了促进转变思想、改革方法，我们在管理上采取两条措施：第一，将学习方法指导、学风培养纳入教学过程，列为教学任务。第二，建立分类推进的教学管理制度。根据“双基”、能力、学风、方法四个指标将学生划分档次，实行分类推进，促使教师的教学工作重心从单纯研究教材转到研究学生，从单纯考虑教学进度转到关心学生的发展，从单纯传授知识转到教学生学会学习。这样，便将教学从注入型初步转到开发型轨道。

开发型课堂教学，以培养和发展学生智能为重点，提高了学生的学习能力。学生从被动转为主动，从沉重的课业负担下解放出来。这种教学方法激发了学生的学习兴趣，促使他们开辟学习渠道，扩大知识领域，发展自己的才能，为建立多元化结构的教学体系提供了条件。学生不满足于课堂教学，要求主动开辟接受科技知识信息的渠道，促使学校改变单一的“三中心”的课堂教学结构体系。

学校需要在此基础上，研究开辟培养学生的多种渠道，开展适应各类学生发展需要的多层次教学和研究活动。在此基础上，逐步形成这样一个多元化结构的教学体系：学校以课堂教学为主，有课外的科技文体等小组学习活动；开设各种讲座，启发引导学生进行小科研活动；在学生中建立小学术团体，使学生通过自己的“学术团体”和社会挂钩；学生可以组织小论文报告会（包括各学科研究、政治思想工作研究、团工作研究等），开展小型学术活动等。学校根据学生开展多种学习活动的需要，创造条件，配备教师，开通社会渠道，将这些活动都纳入教学计划，形成将全面发展、因材

施教的思想统一起来的，以课堂教学为主干，多渠道、多层次育人的多元化教学体系结构。这个体系，能保障学生扎实地打好基础，开拓知识领域，发展和锻炼智能；引导学校面向世界，和社会息息相通；保证学生既能学习教学大纲规定的基础知识，又能接触各方面知识的新成就，使他们在“三个面向”教育下健康成长。我们现在意识到这种变化，看到新的教学体系的曙光，正在考虑从充实实验设备、配备教师和管理干部、改革管理体制、扩充教学内容、全面提高教师队伍水平等几方面，为这个体系的建成和完善做好准备。

结合教改实践，学习邓小平同志“三个面向”题词，我们感到抓以上几个环节，是逐步实现“三个面向”的一种渠道，当然这仅仅是一个起步。

发表于《教学研究》1984年第7期

围绕“三个面向”加强学校内部管理

遵循“三个面向”原则，几年来，我们在改革和加强学校管理方面进行了一些探索。我们认为通过管理改革要达到三个要求：①增强学校活力。要极大地调动师生的主动性、积极性，发扬师生自主精神，提高其自我完善的能力。②不断增强教育教学的适应力。为此，学校要开放、要搞活、要开辟各种渠道。把学校教育与我国四化建设、社会发展、教育事业发展和世界科技发展实际联系起来。通过交流、引进、吸收，进行新陈代谢。③开创良好的教育环境、教学环境。要使各种人才苗子得以破土而出、健康成长。学校人际关系要形成既有民主又有集中，既有自由又有纪律，既有统一意志又有个人心情舒畅的生动活泼的局面。干部、教师能自觉遵循国家的教育方针政策，根据“三个面向”原则，团结协作，形成共向合力的教育集体。

为了实现这些要求，我们在发扬党的优良传统，总结领导管理经验，学习现代科学，更新管理思想的同时，抓了十个转变。

一、目标管理，从活动目标为主转变为成果目标为主

所谓活动目标为主转变为成果目标为主，就是说学校提出的工作目标，主要不是要求开展什么活动，不是简单规定工作的强度和进度，而是要求出什么样的成果。订成果目标的好处是，可以解决学校对教育教学工作统得过死、管得过细的弊病。工作人员在实现目标过程中，可根据自己的实际情况，主动规划工作进程，采用相应的方法，更好地发挥主观能动性。

学校工作的成果，应体现为学生全面发展的情况和水平。制订成果目标，根本要求是把国家规定的培养目标具体化。为此，我们制订了学生思想品德教育大纲、智能培养大纲和课外活动大纲，以弥补现行教学大纲的不足，从而明确学生在各年级全面发展应达到的目标标准。

我们制订培养目标大纲是分两步进行的。第一步，以国家颁布的学生守则和中央领导提出的适应四化需要的人才标准为依据，遵循“三个面向”原则，挖掘教材提供的思想教育和智能培养因素，制订初步的德育大纲和能力培养大纲；第二步，在第一步基础上，以《中共中央关于教育体制改革的决定》提出的培养目标为指导，以学生生理和心理发展的规律为依据，研究中学教育的任务和学生生活的社会环境，总结教育教学经验，制订出将培养目标具体化、形象化的大纲。现在我们正在进行第二步的研究，这步任务完成，我们就可以实现目标管理从活动目标为主向成果目标为主的转变，将学校工作纳入培养目标这个整体目标的轨道，使管理工作能有效地为培养适应四化需要的人才服务。

二、质量管理，从管分管率为主转变为管人的实际发展质量和水平为主

过去学校的质量管理，在传统教育思想支配下，是以管分管率为任务的，是以分、率水平来说明教育教学质量的。这种管理，显然是为传授知识的教学服务的，不能适应全面育人目标的要求。基于这个认识，我们将质量管理加以改革，使之为全面育人服务。为此，我们建立了面向全体学生，“分类推进”的质量管理体制。

“分类推进”的具体做法是，以班级为单位，校领导和教师在校长的支持下，研究和分析学生学习和发展的反馈信息，将学生按学习成绩和发展水平分出类别。在此基础上，对学生质量进行评估，明确学习和发展达到的水平，掌握“最近发展区”，采取措施去推动学生向更高一级发展档次前进。

对学生分类的标准是两个层次、四个指标。两个层次中的第一层次是德智体全面发展的情况，第二层次是学习能力和成绩的发展水平；四个指标，即“双基”、能力、学风、方法。两个层次既体现了学生全面发展的情况，又体现了学习能力和成绩的发展水平。四个指标是构成学生学习能力的要素。学生因“双基”、能力、学风、方法四个要素占比结构不同，而形成了不同的类别。分类推进就是教师根据学生学习能力四要素结构的特点，长善救失，让他们在原水平基础上，前进一个档次。

学校在分析学生学习和发展进程中，只把学生考试、测验、作业的得分情况作为发展信息的一个侧面，主要信息根据是教师对学生的实际观察和了解。这样的分析，能够看到学生发展的整体，将教学活动统一到具体培养目标上，实现教书育人的统一。

三、教师队伍管理，从安排使用为主转变为培养依靠为主

教师队伍，是实施教育工作设计、计划的施工队伍。他们的精神状态，政治、文化、业务素质，工作作风和方法决定着教育工作的质量。抓教师队伍管理是学校内部管理的中心环节。对教师队伍管理的主要要求是积极培养并提高他们的素质修养和教学能力，依靠发挥他们的主动性、积极性来实现教育要求。树立这个指导思想需要完成两个转变：一是对知识分子阶级属性的认识，要真正从思想、感情上接受他们为工人阶级一部分的观点；二是对教师适应本职工作的认识要从静态转变为动态。

所谓教师积极性，是指对教育工作有强烈的事业心，表现出认真负责的献身精神，有自学的师表意识和与别人团结协作形成共向合力的集体意识。这种积极性要靠多种激励方法（思想激励、校风激励、任务激励和成就激励等）去调动，靠规章制度（行为准则、岗位责任制、教学工作常规等）去促进，还需要一定的物质保证。实践证明，教师积极性与精神文明建设水平成正比，与对物质待遇的追求成反比。精神文明建设激发崇高的精神追求，物质追求导致雇佣观点的萌生和滋长。

教师素质和业务能力的培养和提高，要以提高工作任务的适应能力为主轴，以提高师德水平为核心，进行“三全”（全体教师、教师素质的全面提高、教师培训贯穿教师工作全过程）培训，岗位练兵。

教师队伍管理，根本目的是形成具有较强适应能力、共向合力的教师集体。为此，我们随着形势的发展，根据中央提出的新的指示和要求，组织教师开展“抓学习，再认识，立目标，议改革，订措施，讲实效”活动，为教师提高适应力明确方向，提供动力。

根据上述要求抓好教师队伍建设，包括教师组合的年龄、智能、业务、修养水平和结构，骨干的培养和工作安排等，这应是教师管理的主要内容。

四、学生管理，从管训堵塞封闭型转变为培养疏导开放型

学生管理的目的要求是在《学生守则》指导下制订学生学习和生活常规，培养学生的进取精神和纪律自觉，以保证他们朝着培养目标方向生动活泼地主动地发展。管理的成效取决于用什么指导思想、工作方式方法和作风去管。

过去学校管理学生的指导思想和制度建设的认识基础，是把学生仅仅看成是教育对象，忽视了他们同时也是教育主体的身份。在这种认识指导下建立的管理模式，其目的就是保证对学生灌输、管训的顺利进行，是为使学生“就范”服务的，是封闭型的。这种模式不利于学生生动活泼地主动地发展。在当前，学生独立思考、自主要求的能力越来越强的情况下，它的不适应性便充分暴露出来。为了改变这种状况，增强学生思想教育和管理工作的针对性、适应性和时效性，我们用了三年多时间，坚持系统地开展各种实验，取得了明显成果。在总结经验的基础上，我们对学生管理工作做了一些初步改革，建立了培养、疏导、开放型管理模式的雏形。

所谓培养、疏导、开放型模式，在管理的指导思想上，应该明确认识到：第一，学生既是教育对象又是教育主体，没有学生的自我教育，就谈不到教育的实效性。第二，学生接受教育和管理的动机的形成，才是教育管理过程的真正起点。对学生的教育和管理应做到四个坚持：①坚持对学生全面、正确的估计，肯定要求进步是学生发展趋势的主流。②坚持疏导方针，不回避问题，允许学生有自已的想法和看法。教育者因势利导，才能转变学生思想。③坚持

理论联系实际原则。教育过程要开放搞活，引导学生参加互帮互学、社会调查等实践活动。在实践中，教育者通过和学生交流、讨论，引导他们学习运用马列主义观点、方法去认识问题、解决问题，积累认识经验，为形成马列主义世界观奠定基础。④坚持教育教学管理科学化、民主化，组织和支持学生主动参与教育教学和管理过程。在管理方法上，重视运用多种激励手段引导学生坚持正确的发展方向；重视学生集体的组织和独立活动的开展，在组织中培养集体意识，在活动中培养自治和自我完善能力；重视以科研推动思想教育和管理工作，学校设学生思想工作研讨委员会，学生骨干开展以思想工作、自我管理为课题的科研活动和小论文宣讲会；重视组织多种类型的竞赛活动，如班级间的班风赛、学风赛、课外活动相关项目竞赛；重视建立教师、家长、街道三结合指导小组，对学生学习、活动、生活进行全面指导；重视组织学生和科学家、战斗英雄、模范人物建立联系，开展通信、问题探讨活动；重视本校优良传统教育；重视校长和学生的直接联系；召开各种类型的学生代表座谈会，进行对话交流；重视创设和改善学生生活设施，丰富课余生活；重视抓学生骨干队伍建设，以团组织为核心，建立学生自治自理指挥系统；等等。这样，就真正形成了让学生生动活泼地主动地发展的局面。

五、信息管理，从间接反馈为主转变为直接反馈为主

我们改变了过去主要依靠听汇报、看资料获取信息的做法，加强了信息的直接反馈。主要措施是：①将校长—主任—教研组长三级管理改为校长—学科组长两级管理，校长与学科组长直接挂钩。②校长亲自参加班级教导会和年级教导会，与教师一起研究分析学生情况。③在条件允许的情况下，校长和教务主任均兼课。④建立

校长接待学生日，校长定期与学生直接对话。

六、管理方法，从行政指令为主转变为科研指导为主

为了适应教育教学的特点，充分发挥教师的主动性、积极性，我们改变了搞周密详细计划，用行政方式推动计划贯彻落实的管理方法，采用科研、信息交流、共同研讨等方式方法去推动工作进程。我们认为这种管理方式方法具有科研指导性。

以科研指导为主的管理过程大概是这样：学校遵循“三个面向”原则，以培养目标为依据，分析改革进程，总结经验教训，把握实现培养目标方面存在的差距和要解决的主要问题，提出工作目标，制订成果指标，形成指导性计划。学校各个系统、各个班级、各个学科根据学校计划，结合本职工作，提出科研项目，开展科研活动。校领导通过和教学人员商定研究课题、指导研究进程、交流研究成果信息，来体现指导和管理，发挥领导作用。

实践证明，这样的领导和管理方式调动了教师积极性，把改革、进修和理论学习结合起来，有效地提升了教师的水平，增强了进行教改的自觉性。

七、管理组织，从单一、垂直和行政组织管理为主，转变为行政组织和教育教学组织相对分设，行政、教育教学权力分工

过去，学校管理基本上是垂直行政指挥，一级管一级。各级组织只有地位高低、权力大小之分，而缺少权力内容的分工和制约。教师对教育教学工作缺乏自主权，更谈不到决策权。而实际上，教

育教学工作真正起作用的是教师本人。教师没有参与决策，缺乏自觉而导致教育教学的决定和要求不能真正起指导作用。教师视领导下达的任务为额外负担而加以应付，领导所做决定也就成为形式。为了把教改主动权交给教师，我们改革了管理体制，实行行政、教学各自相对独立的管理组织体系，行政、教育教学权力进行适当分工。这个管理体系，我们称作四个指挥系统，两级控制中心，两个相对实体。

四个指挥系统，即教育、教学、体卫、后勤工作指挥系统。指挥系统的结构是校长—职能处主任—班、组长（学科组长、班主任），职能是信息传输和反馈。两级控制中心，即校长分析会、年级教育教学分析会，其职能是进行信息分析，调节系统工作，推动各系统工作协调发展。两个相对实体，即学科组长、班主任为主的班级教师集体。学科组以本学科的教学质量向校长负责，在学校总目标指导下有开展本学科工作的决策权。班主任以本班学生的全面发展质量向校长负责，在学校总目标指导下，有权组织本班教师集体和学生集体独立开展活动。行政职能处，只负责行政工作，在工作决策方面，向校长提供信息。

这样的组织管理系统，保证了教师既是管理的对象，又是管理的主体，学校领导和教师的实践达到统一，教育教学工作形成有机系统。

八、学校管理工作建设，从抓规章制度为主转变为抓学校基础工作建设为主

学校需要必要的规章制度来保证正常的教学秩序，组织和调整教师的工作步调，但不能依靠它来调动教师积极性，保证教育教学质量。调动教师主动性、积极性，主要靠落实党的知识分子政策和

教育工作政策。抓好学校的基础工作建设是激励教师积极进取、提高教学质量的关键条件之一。

所谓学校基础工作建设，我们认为主要包括相互联系的领导班子（领导干部队伍）、教师队伍（特别是教师集体）、校风和必要的工作常规（如领导工作、教育教学工作、后勤工作和学生学习等）的建设。其中，尤为重要的是校风建设。良好的校风是无声的教育力量，也是强有力的管理力量，是各种规章制度取得实效的基础。

九、校长班子的建设要求，从行政干部标准为主转变为教育实干家标准为主

有什么样的校长便有什么样的学校。学校管理的好坏实质是校长的素质修养和工作能力的体现，这已经从理论和实践两方面得到证明。学校能否完成上述转变，使学校工作适应“三个面向”要求，根本在于提升校长的素质修养和工作能力，使之成为教育实干家。

教育家，要有非常自觉的师表意识，具有一定的教育理论、心理学、生理学、社会学知识；具有中人以上的智能水平，以其昏昏使人昭昭是不行的；更重要的是有为教育献身的事业心、尊师心和爱生心，有高度的责任感。实干家，要有脚踏实地、一丝不苟、实事求是的作风，勤勤恳恳、任劳任怨的工作精神，具有适应校长职务的组织能力。

教育实干家校长的工作方法主要是以科研带动工作，推动改革，以示范体现要求，依靠威信形成对师生的影响力。

十、领导体制，从校长无责制转变为校长负责制

民主集中制指导下的校长负责制，应是一个结构概念，即校长负责、支部保证监督、教职工民主管理三者统一。统一的基础就是共同贯彻执行党和国家的方针政策，完成教育任务。

目前我校已经初步形成这样的领导体制。实践证明，这个体制充分地调动了校长、党支部和教职工三方面的积极性，形成了贯彻方针、锐意改革的学校集体。

发表于《教育研究》1986年第8期

在改革中端正办学指导思想，培养德智体美劳全面发展新人

天津一中是一所六年制完全中学，是市教育局直属重点校，高中六轨初中四轨共三十个教学班，学生1 450人左右，男女各半。全校教职工（包括校办工厂）225人，其中教师126人，学校面积60余亩，校舍原为英国兵营，瓦垄铁板顶平房，现在的校舍是1982年重建的。1979年至今，在十年改革中，天津一中坚持办学的社会主义方向，以培养适应社会主义现代化建设需要的人才为目标，不断端正办学指导思想，培养学生德智体美劳全面发展，取得明显成果，并有了一些体会。下面向大家介绍我们的一些想法和做法，供大家探讨。

一、坚持马克思主义教育观 坚定办学的社会主义方向

学校是培养人才的地方，培养什么样的人是教育观的根本问题，对这个问题的回答体现着学校教育的性质和时代特点。马克思主义教育观认为教育的功能是育人，育人一定不能离开政治、经济的要求，历史和现实情况都说明，不同阶级，不同时代，不同国家，对育人都有不同要求。1978年，邓小平同志在全国教育工作

会议上指出："我们的学校是为社会主义建设培养人才的地方。"明确我们的教育是社会主义性质的，是为社会主义建设服务的。这是马克思主义的教育观，是我们办学指导思想的理论基础。坚持办学指导思想首先就必须明确学校教育要为社会主义建设服务，坚持办学的社会主义方向，教育改革就是为了更好地落实为社会主义建设服务的要求。基于这样的认识，为了适应我国四化建设要求，我们提出了教育改革的任务。

我校的教育改革始于党的十一届三中全会之后，是在党的工作重点转移的号召下展开的。当时，围绕这个问题展开了一场争议。一种主张认为：今后学校要把工作重点转移到各科知识的教学上来。不应花很多气力去抓政治、抓思想教育。经过学习、讨论，大家认为这是机械地套用中央号召的提法，是不正确的。那么怎样去贯彻党的工作重点转移的要求呢？经过学习和重温马克思主义的教育观，大家认识到正确的看法和做法，应该是遵循马克思主义关于教育为社会主义政治经济服务的观点，去分析学校教育怎样为社会主义现代化建设服务。最后的一致结论是：学校教育贯彻党的工作重点转移的要求，就是要把学校教育纳入培养适应社会主义现代化建设需要的人才轨道上来，使中学教育为培养这样的人才打基础。为此，学校要以培养这样的人才为准则。要评估学校教育教学工作，进行改革，建立培养这种人才的教育体制。这样就提出了教学改革的任务，明确了改革要达到的目标，端正了改革中的办学指导思想。

实践证明，在这个办学指导思想指引下，我校的改革一直沿着社会主义方向前进，学生在德智体美劳诸方面均得到发展，得到领导和社会的肯定。

（一）学生的思想政治素质明显提高

我校的在校高中生基本上都是共青团员。不少团员以实现共产主义社会理想为目标，申请入党。现在我校自办的业余党校有学员八十余人，都是申请入党的积极分子。历年来，评选出的市、区、校级三好生占学生总数的三分之一左右。

从大学反馈的信息看，一中毕业生素质较好，有“三多一无”的特点。即党员团员多、学生干部多、尖子学生多（以考上研究生、出国进修、班上学习出色为标志），无不适应大学要求而被淘汰的。一些大学的领导反映：一中毕业生素质高，有较强的学习能力，善于自我完善，学习成绩一般都在中等以上水平。

社会反馈的信息也好，主要是认为一中毕业的学生政治可靠、工作能力强。其中很多人成为骨干，当了领导。

（二）学生的智能水平发展较好

近五年来，初中学生巩固率、提高率都较高。升学考试成绩均居全市上游，毕业率、升学率始终保持100%，没有流失生。被市、区评为普及义务教育先进单位。

高中学生毕业率均为100%，统考总分居全市上游。升学率一般在95%以上，其中80%左右的学生考入重点大学。初、高中留级生均不足1%。

我校初高中学生历年来积极参加计算机、数学、物理、化学、生物等学科竞赛及智力、文艺、制作、小论文、小发明、棋类、桥牌、体育、演讲、阅读、写作等竞赛，每年获得各类奖项的学生均达百名以上。特别是电子计算机竞赛，在全市成绩遥遥领先，几乎包揽了前十名。在1986年全国中学生计算机竞赛中，我校秦巍同学获得一等奖，接受苹果公司邀请到美国考察访问。1983年全市中学物理竞赛，一中学生囊括了前五名。1983、1984两年的全市中学数学竞赛的第一名均为一中学生。1988年全国中学化学竞赛天津赛区的第一、二名也都是一中学生，这两名学生代表天津市参加全国中学化学竞赛，分别获一、二等奖。1988年市三项棋类赛、

1989年市桥牌赛，一中学生均获第一名，参加棋类赛的三名学生代表天津市参加全国赛，均进入前十名。

（三）学生体质得到增强

在全市中学生体质普查中，一中学生体质各项指标（身高、体重、胸围、肺活量等）均高于市、区要求的标准，体育达标率也居全市上游。高考、中考没有因体检不合格而被淘汰的一中学生。

学生德智体美劳全面发展方面的突出表现体现在，1987年，一中学生代表队通过区、市层层选拔，作为天津市代表队参加京津沪中学生德智体美劳电视大奖赛，以遥遥领先的优异成绩荣获第一名。

二、以适应四化需要为目标育人 把思想政治教育放在首位施教

教育的功能在育人。培养什么样的人，根据什么来培养，是学校教育的核心问题。因此，确定办学指导思想，集中表现在确立培养目标上。基于这样的认识，十年来，我们始终以适应社会主义现代化建设需要为标准，培养学生成为德智体美劳全面发展的四有人才。以此为准则确立学校教育改革的方针、内容，并以学生全面发展的实际情况为依据，不断进行反馈校正。不断端正办学指导思想，保证了我们学校得以沿着社会主义方向不断前进。

培养什么样的人，才能适应社会主义现代化建设的需要？中学教育怎样为培养这样的人打好基础？这些都不能停留在对德智体美劳全面发展的笼统和一般的认识水平上，需要结合中学实际加以具体化。为此，我们做了社会调查。了解社会对人才素质的要求，特别是了解自己学校培养出来的学生适应社会主义建设需要的情况，

总结那些在社会主义建设各条战线作出贡献、成为骨干力量的学生的素质特点和成长经验。经过归纳，我们将培养目标的要求具体化为三个方面：①坚定正确的社会主义政治方向。②自治和自学能力。③艰苦奋斗、艰苦朴素的作风。为了使我们培养目标的要求成为学生发展的指导思想，变成他们的自觉要求，我们将这三句话当作我校的校风内容，作为一中学生要传承的传统。

十年来，在目标的指引下，我们以学校整体改革为内容，着手建设和完善学校全面发展的教育体系，以保证学生在社会主义方向下，德智体美劳全面发展。我们的做法就是从把德育放在首位和建立完备的教学体系这两方面来建设和完善全面发展教育体系的。建设和完善全面发展教育体系要把德育放在首位。德育包括思想政治教育和品德教育与培养等方面，思想政治教育是核心。为了落实德育的摆位问题，我们抓了重建学校德育工作体制。首先拨乱反正，恢复和发展思想政治工作优良传统，落实思想政治教育的要求。

1979年教改开始，我们面临的思想政治教育状况是严峻的。“四人帮”破坏了思想政治工作的传统，败坏了学校思想政治工作的声誉，涣散了教育队伍。学校思想政治教育陷入困境：第一是思想政治教育指导思想混乱，教育内容不清楚，开展工作没有依据；第二是思想政治工作无领导、无管理，处于自流状态；第三是思想政治教育效果不佳，作用不大。面对这种状况，一些同志缺乏信心，认为学校思想政治工作出现了“信仰危机”“信任危机”。

我们认为，正确政治方向下的德智体美劳全面发展教育是社会主义学校教育区别于资本主义学校教育的根本标志。学校教育不把思想政治教育放在首位，不以正确的政治方向统率全面发展教育，就不可能培养出坚持社会主义方向、德智体美劳全面发展的有理想有道德有文化有纪律的社会主义建设接班人，教育就要迷失方向，甚至变质。为此，我们把重建思想政治教育优势作为改革的第一重

点来抓，着重从五个方面进行了改革。

（一）从抓加强实效性入手，开展教育实验

我们的做法是校长亲自动手，率领政教、团队干部和班主任，以增强思想政治教育的实效性为课题，系统开展实验。实验坚持三年多，系统地对学生进行四项基本原则教育、革命人生观教育和理想教育。实验过程中，既面对学生集体，又开展大量的个别教育。一次失败再来二次，百折不挠，坚持到取得成功为止。三年多来取得了明显效果。正如当时的政教主任总结时所说，改革成果表现在彻底改变了“西风压倒东风”的局面。实验结果用事实教育了干部和教师，澄清了模糊认识，清除了“危机”，增强了做好思想政治教育工作的信心。

在实验中，我们取得了三条经验：第一，思想政治教育能否取得效果，关键在于教育者的表率作用，在于教育者是否具有教育人的资格。教育者的表率作用好，对马列主义的信仰能身体力行，就能让学生佩服，学生就听你的教育。这样教育就有效，否则就无效。因此，教育者要用一个观点、一种思想去教育学生，首先要把这种观点、思想化成自己的信念，然后用自己的话饱含着情感讲出来，才能具备感人的力量，收到好的教育效果。这是适应当代青少年思想特点的教育的第一要素。当代青少年要求独立思考，信服真理，不盲从，接受言行一致的教育，拒绝言不由衷的空洞说教。第二，教育内容要真实，要科学。教育者心口如一，学生感到你讲的是肺腑之言，才觉得可信可接受。因此，教育者对学生提出的问题不要回避，要因势利导。第三，讲究教育方法。在教育态度上教育者与学生处于平等地位，通过交谈，共同探索，融洽情感。在探讨、交流中因势利导，体现教育作用。有一位同学很喜欢抨击“时弊”，对政治课的教学内容常有不同观点，被老师认作是“潜在的持不同政见者”。教育者经常找他谈心，以平等态度讨论问题，建立了相互信任的关系，成了朋友，一步一步转变了他的观点。他高中毕业后考上了天津科技大学，给我来了一封信，说自己是大学一年级学生中第一个入党申请人。我们秉持尊重与严格要求相结合的原则，平等讨论问题，热情帮助，互相信任，采用因势利导的方法，促使一些有严重缺点或错误的学生进步起来。我们的体会是：诚心所致，金石为开。

（二）以加强班主任队伍建设为重点，建设思想政治教育队伍

在实验中，我们坚持边打边建的精神，锻炼队伍，重建思想政治工作系统，着重抓了班主任队伍的建设。第一，突出班主任在学校教育中的地位，建立校长—班主任两级管理体制。明确班主任在组织班集体、落实学校教育要求方面的中心地位。校长向班主任放权，要求班主任发挥主动性来组织教师、学生集体规划班级教育活动。同时明确责任要求，班主任以本班学生的全面发展质量向校长负责。第二，帮助班主任学会做学生的思想政治教育、品德养成教育的工作。引导班主任工作从单纯管理转到管教结合、教育为主。第三，帮助班主任建立思想政治教育的常规和秩序。要求班主任始终以班风、班集体建设为基础，根据社会政治形势的发展，按领导要求，结合学生实际，确定一个时期的重点内容，落实思想政治教育和品德教育培养。第四，重视班主任能力的培养提高。实践证明，由于班主任队伍建设工作的加强，学校班级秩序良好，学生思想品德得到了健康发展。

（三）以加强思想性、战斗性为目标，改革政治课教学

在实验中，我们非常重视政治课教学的重要作用，组织和要求政治课教师在探索学生思想政治教育的实效性过程中，进行政治课改革。经过探索并积累经验，我们提出了政治课教学要以知识、能力、觉悟三者统一实现为目标，进行系统改革，增强政治课教学的

科学性、战斗性，使之成为对学生进行马列主义理论教育、思想政治引导、良好品德培养的重要阵地。“政治课使我有头脑”，这是一位同学总结学习政治课收获时说的一句话。这句话深刻地概括了政治课教学实效性的本质。通过一系列探索，我们体会到政治课的实效性来自它的针对性、现实性和战斗性。提高政治课实效性的途径是：把以传授知识为任务的“解释型”课堂，转变为将知识、能力、觉悟统一起来的“教育型”课堂，达到“使学生有头脑”的目的。

（四）制订教育大纲，组织共向合力的教育集体

在实验中，我们重视学校整体教育的效应，探讨怎样把全校教职工组织到教育集体中来，形成共向合力的教育集体。我们从这个角度出发，研究制订了全校思想教育大纲。一方面解决思想政治教育的统一依据问题，另一方面以大纲来统率教学，贯彻思想政治教育，实现教书育人统一。

（五）把思想政治教育列在首位，思想政治教育、品德培养全面实施

根据历史的经验和改革实践的体会，我们认识到学生思想政治观点和品德的形成要靠积累。学校只有形成良好的教育环境，教育因素像空气那样，思想教育工作成为常规，让学生耳濡目染，把坚持社会主义方向作为信念，才能有效地为培养四有人才打下坚实的基础。为此，十年来，我们一直坚持全面安排德育内容，根据学生心理、生理发展水平和知识储备，由浅入深，全面实施德育教育，主要归纳为：第一，结合形势路线方针及社会思潮进行思想政治教育；第二，按顺序安排爱国主义、集体主义、革命人生观、科学世界观教育，结合学生守则、中学生行为规范进行品德教育和培养。

三、落实教育计划要求 建立德智体美劳全面施教教育体系和秩序

学生德智体美劳全面发展，必须以相应的全面发展教育内容作为保证。学校没有全面发展教育的设施，靠空洞的说教，是达不到让学生德智体美劳全面发展的。基于这个认识，我们在改革中，着重抓了以下四个方面，建立了全面施教的秩序和体制。

（一）从实际出发，安排学生劳动，坚持教育与劳动相结合

1979年以来，我们一直坚持安排学生劳动，主要项目有：①学生自我服务劳动，学校长期坚持让学生清扫自己的教室、分区负责校园环境卫生制度。②结合市政建设及其他活动，组织学生参加各种社会公益劳动。如外环线工程、平房改造建设、绿化植树等全民义务劳动，以及到公共场所、军烈属家庭服务活动。③与支教单位新华制衣厂挂钩，建立了固定的劳动基地。初中一、二年级全体师生到该厂集中劳动一周，师生反映收获很大，工厂领导和工人反映很好，对一中学生的劳动表现非常赞赏，并真诚欢迎再到他们厂参加劳动。④开设劳动技术课。此门课程已开设数年。初中开设了微计算机初步课、园艺技术课，高中开设计算机课、英文打字课，劳动技术教育课除学习必要的基础知识外，大部分时间要在实验室和园地中通过实际操作学习基本技能。为此，我们建立了240平方米的计算机实验室，购置了27台英文打字机，建立了英文打字实习室。劳动技术课作为一门必修课，有自编的教学大纲和教材，被正式纳入课程表，结业时均需进行成绩考核。通过劳技课，学生们学到了一定的劳动技能。例如，1985年第一次学习英文打字课的学生有289人，结业时打字速度最快的已达110字符/分钟，最

慢的50字符/分钟，平均打字速度为60.53字符/分钟，达到这个平均打字速度的共126人，占总人数的43.6%；从打字正误角度看，平均每分钟不超过一个错误字符的有157人，占总人数的54%，大部分学生掌握了打字的指法和手法，能独立打资料、文件和制表。经过教学实践，教学水平不断提高，学生的学习水平和打字技术逐年提高。又如通过学习计算机课程，不少学生可独立编制软件。1986届高中毕业生王东的父母都是医务工作者，他有感于医院在计算人体正常值时使用的手段和方法很落后，立志要用计算机知识来实现简便计算，为此他阅读了大量医学统计学书籍，学会了相关计算方法，在高中一年级时就成功地编出了“体质测试”程序。高三时，他又为了解决编制软件的汉字问题，编制了“汉字制作”软件，后被保送南开大学计算机科学系学习。1985届高中毕业生雷捷在高一学习物理时，编制了“波动方程分析”软件，这个软件与上述软件同获全国青少年计算机软件比赛三等奖，他编制的“圆锥曲线的统一性”教学软件获全国紫金杯软件设计优秀奖。此软件已在国家电子工业部所属的软件开发中心注册登记，并在全市推广使用。该生后来被保送到中国科技大学计算机系学习。还有一些同学，编制了“运动会成绩统计”“图书管理程序”等实用软件。

（二）参加社会实践活动，进行社会调查

几年来，我们以班级为单位，由教师带领学生，利用节假日到商店、工厂、农村进行社会调查。教师在指导学生调查和写调查报告的过程中进行教育。此外，有的学科结合教学内容，组织学生参加社会实践，直接接触生产、接触工人。

（三）开展集中军训活动

从1987年开始，高中起始年级到石家庄陆军学院参加军训两周。军训期间，师生与解放军同吃同住同训。此项活动既使广大学

生受到热爱人民解放军的教育，又集中进行了组织性、纪律性教育。通过军训，学生热爱解放军的情感加强，组织性、纪律性明显提高。

（四）结合课堂教学，开展系列课外活动，建立了课内、外结合的教学体制

（后面评述）

四、强化管理　保证“两全”要求落实

我们实施全面教育的目的，是要做到全体学生的全面发展，即落实“两全”要求。做到这一点，一要靠全体干部、教师的自觉，二要靠强化管理来加以保证。为此，我们在学校内部民主管理的基础上，进行了三个方面的改革。

（一）围绕落实全面教育，建立和完善行政指挥系统

我们的做法是建立四个指挥系统，即思想政治工作指挥系统、教学工作指挥系统、后勤管理指挥系统、体育卫生工作指挥系统。这四个指挥系统的结构和组织形式是这样的：每个指挥系统的牵头人都是分管这方面工作的校长；校长下面是职能部门，即各行政处；再下面是骨干队伍；最后是教育教学后勤管理的基层组织，如班级、学科组、备课组等。四个指挥系统的职能是根据学校总计划去制订本系统计划并在计划贯彻执行过程中进行监督、检查、反馈、评估，推动计划落实。

为了协调四个指挥系统的工作，使学校德智体美劳诸方面的培养工作协调发展、相互促进，我们建立了两级控制中心。两级控制中心的第一级是校长和职能主任参加的行政会，其任务是按照学校

计划要求进行反馈校正，以保证四个指挥系统围绕当前的中心工作协调运行，形成共向合力。第二级是学科组和教学班，学科组长、班主任分别负责协调本学科、本班级全面教育工作。学科组长协调各年级教学要求，使之衔接，协调各种改革实验，协调课内外教学活动，推动全面教育的落实。班主任以本班全面教育的落实、学生德智体美劳全面发展为目标，组织和推动教师集体的教育教学工作，组织和指导学生集体开展各种活动。

实践证明，四个指挥系统的建立和作用的发挥，保证了学校教育活动按照全面发展教育的要求协调正常地运转，有力地保证了各项教育任务的落实。

（二）按“两全”要求，建立对学生实行分类推进的质量管理体制

所谓分类推进，就是按照学生德智体美劳全面发展的情况和水平及全面发展素质在学习过程中表现出来的学风（学习目的、态度、意志、作风）、能力（运用旧知学习新知及发现问题解决问题的能力）、学法（思维方法、求知方法）、基础（知识、智力结构化的程度）对学生进行分析，分出发展层次类别，在此基础上，研讨应采取的提高措施，对学生逐步进行推进。具体做法是：以班级为单位，在开学初、期中考试以后和学期末，以学生考试成绩及平时了解的情况为依据，由校长、主任召集，班主任主持，开展全体任课教师参加的班级教导会议，从思想、态度、作风、方法、基础、体质、家庭社会影响诸方面对学生进行分析，找出全面发展中存在的问题及其原因，把握学生的学习“最近发展区”，有针对性地采取措施，由教师分工负责加以教育、解决问题，促其发展。例如，学生甲的特点是学习能力强，但学风不踏实，缺乏坚强意志和刻苦钻研的动力，学习成绩基本稳定在优等水平，但无突破，学无所长，有时还有起落。因此，对他的教育重点放在学风培养上，树立

高标准的事业心，增强学习动力。在教学过程中，教师给予恰当指点，引导其有所发展。在教师的帮助下，他有计划地坚持持久努力自学，毕业时由二类上升为一类，保送上了清华大学。学生乙，学习方法是死记硬背，记下的知识是零散的，没有形成系统和结构。于是，教师给他拟好详细提纲，要求他理解定理、掌握知识规律，从而把知识整理成系统，加以结构化。通过这种性质的练习，乙提高了学习能力，他在自我总结中说："通过这样的学习和练习，我才真正体会到扎实'双基'与培养能力的关系，体会到用什么学习方法才能真正做到扎实'双基'。"学生丙，经教师集体分析，认为他学习基础差、能力差、方法差，属于第四类。教师发现他的优点是愿意学，造成"差"的原因是学未入门，不能理解、消化知识。特别是语文学科，学习工具掌握不好。于是，语文教师对他实行包教。主要做法是：耐心帮助，树立信心，课堂上多提问；抓住点滴进步，给予鼓励；要求他课下结合自己阅读和写作上的弱点，去学习报刊文章，悟其中之道，悟布局谋篇之妙，悟其语言之好，有所悟后，写出笔记，交教师批改，教师通过批改对其进行智力技能训练。这样，他学有所得，因有所得而有兴趣，信心也随之增长。在教师持久地进行思想教育、激励进步，坚持智力技能训练下，经过一年的努力，他考入了重点院校。实践证明，这种分类推进的质量管理体制，在落实"两全"要求上，效果十分明显。它不仅做到了有目的、有计划地推动每个学生全面发展，而且对推动教师教育思想从单纯教书到教书育人统一的转变起到了显著作用。通过分类推进工作，很多教师实现了三个转变：①工作重点从研究教材转变到研究学生。②工作目标从传授知识转变为推动学生全面发展。③工作方法由"教、考、压"转变为从学生实际出发，从做好思想工作入手，对学生因材施教、具体指导。这些效果和变化，给我们很大启发，使我们认识到为"三中心"服务的管理体制的弊端。传统的教学质量管理以管分管率为对象，是为"三中心"的教学服务的，在片面追求升学率的倾向中，它起着导向作用。因此，改革“三中心”教学体制必须在转变教学思想的同时，在管理上有相应的改革。

（三）建立评估监督工作系统，实现评估、科研、指导相结合，完善教学领导体制

鉴于教学领导体制不完善，缺乏评估、科研环节，学校于1988年开始，从建立评估工作系统入手，建立评估组织，制订评估标准，研制评估工作程序，开展工作。评估的内容分各项常规工作落实评估、改革课题和改革计划落实评估、教育教学经验评估、教育教学质量评估等。通过评估，把教育教学和管理工作中的问题作为科研课题，开展研究，推动工作。

评估组织系统包括由校长、中级职称评审委员会成员组成的校一级评估组织及学科组、年级组等基层组织。评估工作坚持民主性原则、激励性原则和导向性原则。评估过程公开，加强评估工作透明度，体现教学领导管理的民主性。评估成果作为有关人员晋级、评职称、奖励的重要依据。

五、以实现教书育人统一为目标　改革课堂教学

教学是学校一切工作的中心，是最基本的教育工作。培养人、塑造人的任务要通过教学来完成。把坚定正确的政治方向放在第一位，落实对学生的德智体美劳全面发展的教育，就必须改革“三中心”指导下的传统教学模式，变单纯传授知识的教学为教书育人统一的教学；变注入式教学法为启发式教学法。为此我们着重从以下几方面，抓了课堂教学的改革。

（一）以“三个面向”为指针，确立教改的指导思想，不断提高指导思想水平和自觉性

1. 认清社会主义教育的培养目标，树立全面育人的教学指导思想

为了引导教师从教育与社会政治经济关系的宏观层面考虑确立教改方向，使教师认识到教学目的是要培养适应社会主义现代化建设需要的人才，我们把教改的起步点放在深入学习党的十一届三中全会精神，领会党的工作重点转移上，明确进行社会主义现代化建设，国家对人才素质提出的新要求，从而把握教学改革的目的、任务，明确教改的方向，使教师明确教学要坚持社会主义方向，要培养全面发展的四有人才，中学就要给这样的人才打下良好的基础。引导教师认识到我们现行的以“三中心”为理论根据的授受注入型教学体制，不适应培养这种人才的需要。为此，我们的教改要求就要从转变教育思想入手，改革教学方法，做到减轻学生课业负担，打好基础，培养能力，使其全面发展，学有所长。

2. 以坚决纠正片面追求升学率倾向，实现全面育人为任务进行改革

我们提出要以纠正片面追求升学率倾向为突破口，破除旧的教学体制。片面追求升学率是以“分”“率”为质量标准的“三中心”理论的体现。针对片面追求升学率的弊端，我们按照四化需要的人才标准，提出“四全”要求，即学生德智体全面发展、知识与能力全面发展、文理科基础知识全面发展、全体学生全面发展。以“四全”作为学校教育价值观，要求用人才素质来统率“分值”“率值”。有了人才标准，教改便有了针对性。在这个认识的基础上，1983年我们学习邓小平同志“三个面向”的指示，体会到贯彻“三个面向”，首先要求把人才的德智体美劳发展到现代水平，提高了我们的自觉性，坚定了改革方向。

（二）抓教书育人统一的观点，统率教改过程

针对“三中心”理论指导下的课堂实践在教书与育人、教师与学生、课内与课外几个关系上重知轻人、重教轻学、重课堂轻实践的弊端，我们提出以课堂教学三个统一实现为目标，推动教改。我们所说的三个统一实现，即教学与发展、知识与能力、教师主导作用与学生主体作用在教学中统一实现。为此，我们从转变教学思想入手，改革教学方法。改造旧的教学模式，转变教学思想，主要是转变“三中心”理论指导下形成的教学观、智育观、学生观、质量观，并把改变教学思想贯穿教学全过程。

几年来，我校干部的办学思想、教师的教学思想、学生的学习思想有了显著变化和提高。化学学科的变化有力地证明这种变化。化学教师认为，教改的关键在于转变自身的教学思想，实现从教书到育人的转轨，明确主导与主体的关系，下大力解决“四观”。在这种思想指导下，化学学科的课堂教学发生了显著变化，全组教师以达到三个统一实现为目标，积极改革课堂教学；以实现教书育人为目标，将教研、教改和教师提高有机结合起来。他们长期坚持学习先进教育理论，坚持有目的、有计划地开展教改实验，并取得明显成果。他们借鉴布鲁姆的教育目标分类理论，在化学教学中实行教学目标管理。根据教学目标要求确定质量标准，安排作业量、进行成绩考核，编制了“化学题库”，将经过长期实验检测的题目输入计算机，他们的做法将教学的科学性和教学管理水平提到新高度，也为避免“题海战术”和减轻学生课业负担开辟了新路径。这一成果得到有关专家的肯定，正在我校普及推广。

改变教学方法，主要是把单纯传授知识的教学方法转变为引导学生全面发展、坚定社会主义方向、培养良好道德品质、发展智力、培养能力、教书育人结合的全面教育的方法。要求教师教学，要首先考虑怎样结合具体教学实践去培养人，要在全面发展教育目标指导下考虑教学教法，不但要让学生学会，还要让学生会学。在知识传授过程中，教给学生获得知识的方法。课堂教学力求做到：引导学生听课、阅读课本要明其知，学其法，以法求知；引导学生通过自己的思考去分析新课题，解决新课题，获得知识；指导学生不断完善自己的学习过程。各科教师根据上述要求，结合本学科实际，积累了许多好的经验。化学学科教师的经验，已由河北师大化学系印装成册，作为教法课的指定参考资料。

（三）逐步完善课外活动，建立课内外结合的新的教学体制

实践证明，课内课外教学活动相结合，是实现因材施教，使学生全面发展、学有所长的需要。因此，在改革课堂教学的同时，我们逐步开展了课外系列活动。在课外活动的组织领导、活动内容、时间安排等方面制度化、计划化。具体工作有以下几点。

1.建立课外活动的指挥系统

由分管教学校长课内课外一起抓，一个教务副主任具体负责，由团委、学生会学生科技爱好者协会组成领导小组，共同制订计划，分工负责。

2.组建课外活动教师队伍

由校长从校内外正式聘请科技、文体课外活动辅导员，组成专职和业余辅导员相结合的课外活动教师队伍。

3.丰富课外活动形式

坚持普及与提高相结合的原则，从讲座、社团、兴趣小组、文体活动等几方面开展工作。

4.由学生科协组织科技活动，进行科技小制作、小发明

目前，各学科均已建立了课外小组。近年来，课外活动小组已由20余个发展到近50个，参加活动的学生由400余人次发展到1 400余人次（有的一人参加两个小组）。

（四）逐步实现教学手段现代化

我们充实了物理、化学、生物、语言实验室，扩大了电子计算机教学中心规模，增添了电化教学设备。研究了将电子计算机引入各科教学的新课题，制作了物理、化学、生物、数学等学科的教学软件，在全国性相关会议上作了介绍，受到好评。

经过几年的改革，教学初步实现了转轨变型，即由单纯传授知识的教学转到教书育人相统一的轨道，从封闭型教学转到教学与社会实际、生产实际相结合且面向社会的开放型教学。

六、以适应全面发展教育要求为目标 切实抓好教师队伍建设

教师是实现全面发展教育的施工队伍。全面发展教育能否落实，落实的程度如何，取决于教师队伍的素质、结构和整体水平。因此，我们把教师队伍建设作为实现全面发展教育的关键，抓紧抓好，抓出效果。

（一）以提高教师师德水平为核心，提高教师个体素质

实践告诉我们，教师在具备一定教学工作技能基础的前提下，其师德水平决定了他的工作态度、工作作风和工作质量。教师师德水平高、责任心事业心强，他可以积极发掘自己的潜能，通过学习总结实践经验，充实自己，不断进行自我完善，自觉地以适应任务为标准，促使自身素质的全面发展提高。教师师德在我校的集中表现是“四心”“四不倒”精神，即事业心、责任心、上进心、自尊心，难不倒、累不倒、问不倒、气不倒。

（二）以培养教学骨干、学科带头人为重点，建设教师集体

我们以四条标准选择骨干和学科带头人：①师德水平高，教育事业心强。②基本掌握本学科教学系统知识。③有一定的威信，能帮带青年教师。④是教改的有心人，能当校长的参谋和助手。教学骨干和学科带头人是教师集体的组织支柱。

在教师集体的思想建设方面，我们着重统一了教育思想、要求和做法等，用政策和任务去统一教师思想，协调行动，形成共向合力。思想上，我们重视对教师教育思想的领导，把教师思想统一到教育方针上来，帮助教师总结教育经验，形成坚持全面发展教育的信念。通过评估活动，形成全面发展教育的价值观。行动上，我们开展了“再认识”活动，以党和国家当前的政策和任务为指导内容去组织教师的活动。“再认识”活动即当党和国家根据形势发展提出新的工作任务或颁布新的政策时，凡是有关教育和对人才素质要求的，我们都组织教师“抓学习，再认识，谈转变，订目标，想措施，抓落实”，从而丰富和提高教师教育教学指导思想，提高坚持社会主义方向的自觉性。

（三）紧密结合实践培训教师

我们的做法叫作“三全培训”“岗位练兵”。所谓“三全”，一指全体教师，二指德才等全方位能力，三指全过程，即培训工作贯穿教师工作的全过程。所谓“岗位练兵”，即培训坚持结合教学实践，在岗位上“练兵”。

在教师培训中，我们大力抓了青年教师的教育和培训工作，指定老教师帮带青年教师，结成师徒。老教师从师德、作风、业务、教法等方面进行全面传帮带。大胆使用青年教师，在他们初步掌握教学工作技能基础上，进行“小循环”，即从一年级到三年级，把一个班级学生从入学送到毕业。这样有利于教师增强责任感，掌握

系统知识，熟悉学生，掌握学生成长规律。为了激励和帮助青年教师更快成长，我们坚持每年开展评“新秀”活动，进行以“创优课”为主要形式的系列培训活动。现在一批青年教师已经成长起来，承担备课组长、学科组长和毕业班教育教学工作。

经过一系列改革，我校教学基本上纳入教书育人统一的轨道。大多数教师转变了教书不育人的观念，在教学指导思想上做到了以学生全面发展为目标进行教学，在教学实践中重视做学生思想品德培养工作，在教学过程中注意发挥非智力因素的作用，在师生关系上重视培养感情融洽、和谐平等的关系。

改革十年，天津一中在现代化道路上不断前进，教育教学质量不断提高，学生遵循党的教育方针健康成长，其根本原因是我们比较自觉地坚持了上述几方面的工作。通过改革，在理论与实践的结合上，认真落实端正办学指导思想、培养学生德智体美劳全面发展的要求。在改革中，根据党的教育方针，逐步完善全面发展教育的体制，为落实教育要求提供了重要保证。

上述思想和做法，经实践证明是有成效的，并且得到了各级领导和社会的肯定。最后必须向同志们说明，我校整改仍处在探索阶段，为了深入改革，我们热烈欢迎同志们批评指正。谢谢！

写作于1989年9月

加强教育法制建设的思考

加强教育法制建设，是保证落实教育优先发展战略地位、深化教育改革、稳定发展教育、提高教育质量的当务之急。加强教育法制建设涉及很多方面，本文仅就个人在实践中的感受，谈三个方面的问题，即一个增强、两个保证、三个坚定不移。

一个增强，即增强教育法制意识。李鹏总理最近指出："教育发展和改革目标的实现也有赖于法制的健全。改革开放以来，我国相继颁布了《学位条例》、《义务教育法》、《教师法》等一批重要的法律和行政法规。但是，教育立法工作还不能适应教育改革和发展的要求，无法可依、有法不依、执法不严的现象还比较普遍。今后，要加快教育立法步伐，尽快制定《教育法》、《职业教育法》、《高等教育法》以及《教师法》的配套法规。"（《动员起来，为实施〈中国教育改革和发展纲要〉而努力》）贯彻落实总理的指示，加强教育法制建设，首要的是增强法制意识。多年来，领导反复强调法制，但人治的惯性作用仍很强烈，教育工作由于领导的看法或注意力的转移而改变的现象比比皆是。这些都是法制意识淡薄的表现，不在思想上树立法制观念、增强法制意识，只在行动上加强立法，严格执法，岂不缘木求鱼。

两个保证，即执法的人力、物力（财力）保证。加强执法监督是落实法规要求的重要保证，组织强大督导队伍经常深入检查执法

情况，才能有力地推动法规的贯彻实施，这需要人力、物力（财力）的保证。贯彻落实法规要求，同样需要人力、物力（财力）的保证。不提供足够的人力、物力（财力）的支持，要求法规贯彻落实，只是美好愿望。

三个坚定不移，即坚定不移地有法必依，坚定不移地执法必严，坚定不移地违法必究。不言而喻，法有极高的权威性，而法的权威性来自严肃性。三个“坚定不移”是严肃性的表现，也是树立法的权威性的前提条件。三个“坚定不移”，是法律威信得以树立的基础。有法不依，执法不严，违法不究，法的权威性丧失，哪里还谈得上法制建设，又怎么能求得用法制的健全来保证教育发展和改革目标的实现呢？

教育呼唤法制，法制要求健全而有权威性，希望我们的愿望能够实现。

发表于《人民论坛》1994年第9期

二、教学改革

本部分收录了韦力同志的两篇文章，分别是《在历史课中进行爱国主义教育的成果和方向——对学生学习历史情况的调查》和《建立“分类推进”的教学管理体制》。两篇文章分别阐述了韦力同志在长期教学实践中对历史课堂如何培养爱国主义情怀，以及教学中教师与学生定位、教学思想与教学方法的思考。在文章中，韦力同志提出教育改革应体现学生的主体地位，以学生的学习作为教育改革的出发点。教育改革应使学生获得高质量的学习过程，实现自身的全面发展，树立爱国主义思想和社会主义觉悟。基于这一出发点，韦力同志强调“学生学习和发展质量是教师个体与教师集体协调施教的效果体现，是教师集体综合治理的结果”，并提出了“学校领导要把教学的反馈过程组织化、计划化，从而把教师、学生都组织进入管理系统”的工作建议。

1998年，联合国教科文组织正式提出“以学生为中心”的教育理念，倡导教师在教育教学过程中更加注重学生学习体验和需求的满足。近年来，我国的基础教育改革坚持“以生为本”这一重要原则，对“教”与“学”的关系进行了新的定位。学生成为学习的主体，有利于激发其内在的学习动力与创造力。学校给学生创造了大量的实践机会，提升了学生在知识、智力、情感等方面的能力。韦力同志的论述为我们如今落实学生的主体地位提供了宝贵的经验与智慧，切合基础教育改革中的培养学生核心素养的要求，有助于提高学生在真实、复杂的情境中解决实际问题的能力。

走进新时代，党和国家对教育体制改革提出了新的要求，全面深化教育改革，推动教育现代化。教育更加注重以德为先，更加注重全面发展，更加注重面向人人，更加注重终身学习，更加注重因材施教，更加注重知行合一，更加注重融合发展，更加注重共建共享。韦力同志的真知灼见对我们贯彻党的教育现代化方针仍有重要作用，各位教育界的同仁都可以汲取其中的有益养分，始终坚持教育面向全体学生，帮助每一位学生获得学习的信心与成就感，获得有意义的学习经历，成为未来社会实践的主人。

在历史课中进行爱国主义教育的成果和方向

——对学生学习历史情况的调查

历史学是一门历史观指导下叙述和阐释人类历史进程及其规律的学科。历史课承载着历史学的教育功能，对于向学生进行爱国主义、国际主义教育和历史唯物主义基本观点教育，起着重要的作用。在历史课的教学工作中，应当在加强基础知识教学的同时，充分发掘课程本身的思想教育因素，对学生进行思想教育。但是，由于“文化大革命”对历史学科的严重摧残，以及近年来在社会上存在的重理轻文思想的影响，历史课在有的学校和有些学生中存在不受重视的情况。因此，对于如何全面地实现历史课的教学任务，有些人在认识上存在着一些问题。第一，有些人认为，要发挥历史课的思想教育作用，就得让学生重视学习历史课，这不是教师的努力所能解决的问题，需要教育行政部门采取必要的措施。例如，在升学考试中增加历史科目等。第二，当前在少数青年学生中存在着某些错误的倾向或模糊的认识。例如，不理解爱祖国与坚持四项基本原则的关系，个别人盲目崇拜发达的资本主义国家的物质文明，等等。对于学生中存在的这类现实的思想认识问题，历史课能否起到教育作用？这也是一些人的疑惑。像这类认识上的问题如得不到正确的解答，显然会阻碍历史教学工作的不断改进。

我校历史课教学比较重视在加强基础知识教学的同时向学生进

行思想教育。最近，我们为了研究怎样通过历史课教学深入开展爱国主义教育的问题，曾对部分学生进行了粗略的调查，了解历史课在他们思想认识方面所起的作用。调查结果表明，历史课在增强学生的爱国主义思想情感、提高他们对坚持四项基本原则的认识、开阔思路、丰富头脑等方面，都起到了积极作用，是培养学生成为有社会主义觉悟的有文化的革命接班人所必需的精神食粮。学生们的共同体会是，历史事件、历史人物形象所具有的感染力，以及教师在教学过程中运用历史唯物主义观点，历史地分析问题、认识问题的思想方法，是他们在思想认识上得到提升的主要原因。这对于我们认识爱国主义教育的成果和深入推进的方向，都给予了极为有益的启示。下面，我想主要引用学生们自己所写的体会，谈谈我对几个问题的认识。

一、历史课通过爱国主义的思想教育和情感培养，激发了学生学习历史的兴趣，调动了他们的学习积极性

我们深信，祖国历史特别是近现代历史的教育，对于向学生进行爱国主义教育起着非常重要的作用。但是，毋庸讳言，由于种种原因，当前在学生中普遍存在的不重视历史课的思想情绪，妨碍了爱国主义教育的落实。对于这个问题，是不是如有些人所认为的那样，要依靠教育领导部门采取某些措施才能解决呢？调查结果表明，这种看法是不全面的。我们发现，现在越来越多的学生对学习历史怀有很大兴趣，他们已不满足于上历史课，有不少学生已主动阅读其他历史读物。是什么力量推动他们深入学习历史呢？是历史课本身的教育性，特别是爱国主义的思想教育和情感培养，而教师的教学在这方面又起着很重要的作用。一位高中学生在谈到自身认识上的变化时说：“我曾经认为，学习历史只是单纯记几个年代，

背几个名词解释，记一些历史事件和人物。这些又都是千百年前的事，跟现在没有什么关系，只是因为学校要考才去学的。现在我转变了这种看法。历史课向我们展示的祖国历史画卷，深深地吸引着我；历史上许多可歌可泣的英雄事迹，令我心潮澎湃。听老师讲完一节教育性很强的历史课，爱国激情便油然而生。我经常边听边想，面对祖国丰富的文化遗产，面对那些曾为祖国的生存和发展不惜流血捐躯的民族英雄、爱国志士，如果我们无动于衷，没有爱国之心，那是有罪的。”另一位学生讲了类似的感受之后说：“在历史课的启发下，我开始寻找各种历史类书籍来阅读，像《岳飞传》这样的书，读起来真是爱不释手。”学生们在谈认识时的普遍反映是，他们最初只是为了应付考试而学习历史，及至从课程中受到思想教育，便对历史产生了浓厚的兴趣，他们把原因直接归结为历史课本身的教育性。有一位学生说：“我体会到历史课丰富了我的头脑，打开了我的眼界，使我站得高看得远了。历史课在潜移默化地教育着人，使人向上，是我们提高社会主义觉悟的精神食粮。我需要学习历史。”现在，有越来越多的学生表示，他们在学习语文、政治乃至读报、看剧时，深切地感到缺乏历史知识所带来的困扰，表现出对历史知识的渴求。

上述情况，启发我们去重新评估学生学习历史的积极性，重新认识激发学生学习历史积极性的根本条件。诚然，从当前的实际情况出发，教育领导部门采取一些可行的措施，以帮助解决有的学校和学生不重视历史课的问题，是必要的。但从教师的角度来说，充分发挥在教学中的主导作用，在加强基础知识教学的同时，深入进行爱国主义思想教育，提高历史课的教育质量，应是我们的立足点。

二、历史课的爱国主义教育，启发了学生坚持四项基本原则的自觉性；在四项基本原则的指导下，学生的爱国主义思想境界得到了提升

我们对学生进行的爱国主义教育是马列主义的爱国主义教育，即通过爱国主义的思想教育与情感培养，去激发学生热爱祖国、热爱中国共产党、热爱社会主义制度的“三热爱”思想情感，帮助他们树立起坚定正确的社会主义政治方向。这是我们各级各类学校对学生进行爱国主义教育所必须明确认识的一个问题。

当前在青年学生中的确存在着某些错误的倾向和模糊的认识。对于学生中存在的一些现实的思想认识问题，能不能通过历史课的思想教育去解决呢？我们的调查表明，答案是肯定的。例如对有的学生盲目崇拜发达资本主义国家的物质文明问题，历史课就可以通过对我国历史上高度发达的文明的讲述，对帝国主义侵华历史的讲述，对世界资本主义产生和发展的历史的讲述，增强学生的民族自豪感，树立学生的民族自信心，并使学生对资本主义、帝国主义的本质有所认识。一位学生在题为《学习历史有感》的短文中这样写道：“展开祖国的历史画卷，我们看到早在古代，我国就有光辉灿烂的文化，四大发明为人类作出伟大的贡献。公元7世纪，当欧洲封建化的过程刚刚开始、小国林立、混乱不堪的时代，我国已是封建文化高度发展的盛唐了。想到这些，我们作为中华民族的后代子孙怎能不为之骄傲！”他接着谈到近代中国由于帝国主义的侵略而变得贫穷落后，谈到中国人民在中国共产党领导下取得革命的胜利，“我们今天已是一个强大的社会主义国家，人民过着幸福生活，饮水思源，我们自然地想到把祖国从灾难的深渊里拯救出来的社会主义制度和中国共产党”。他表示，要为建设社会主义祖国，为后代子孙写下一页新的光辉历史而贡献自己的力量。

在学生中普遍存在的一个问题是，对爱祖国与坚持四项基本原则的关系不能很好理解。他们也是通过对祖国历史特别是对近现代史的学习，才理解了这两者间的必然联系。一位学生说，他在听政治课讲四项基本原则及其相互关系时，总是理解不透，完全靠死记硬背来记忆。及至学习了中国近现代史以后，从中国人民近百年来的革命斗争过程中了解到，中国人民是在找到马列主义的真理，懂得了只有社会主义才能救中国的道理，在中国共产党的领导下才取得了革命的胜利。而要保证社会主义的胜利，就必须建立人民民主专政，这又必须同时坚持马列主义、毛泽东思想，坚持党的领导。这样，他就顺理成章地得出了这样的结论：爱祖国就必须爱中国共产党，必须爱社会主义，必须坚持四项基本原则。这位学生的例子说明，近现代史是学生了解爱国主义与坚持四项基本原则的关系及四项基本原则相互关系的必要知识基础；而学生对坚持四项基本原则与热爱祖国的关系有了正确的理解后，他们就会以之指导自己的行动，提升自己爱国主义思想的境界。

我们通过上述情况认识到，深入进行爱国主义思想教育，必须提高指导思想水平，把爱国主义教育与坚持四项基本原则教育结合到历史教学中来，提升学生的爱国主义思想境界。周恩来同志在谈到进步知识分子的思想发展过程时曾说过，现代革命知识分子的进步，一般是经历了从民族立场到无产阶级立场的转变，从爱国主义到马列主义的转变。我体会，这是就经历过民主革命阶段的老一辈知识分子来说的。我们现在对青年学生的爱国主义教育，则是在马列主义、毛泽东思想指导下进行的，完全可以把爱国主义教育同坚持四项基本原则教育结合起来。我们调查的实例也说明了这一点。在爱国主义教育的基础上，引导学生树立坚定正确的政治方向，使他们成长为有社会主义觉悟的有文化的革命接班人。这应当是深入进行爱国主义教育的方向。

三、教师在教学中针对学生的思想特点，充分发挥历史课的感染作用，有意识地教给学生历史地看问题的思想方法，增强了爱国主义教育的实效

历史课本身固有的生动性和强烈的感染力，以及叙述和分析问题的历史的方法，适合青少年的思想特点，这是使爱国主义教育能取得实效的关键所在。爱国主义教育，首先是爱国主义情感的培养问题，即“三热爱”情感的培养问题。爱国主义的情感，就是通过对祖国的大好河山、对祖国历史上无数可歌可泣的英雄事迹、对人民处境与祖国命运的息息相关的感受等而形成的感情，是世世代代积累和传递下来的。记录这些实例和传递这种情感的有力工具就是历史记载。当前个别学生之所以会盲目崇拜西方文明，或者“三热爱”的情感不够深厚，一个很重要的原因就是缺少历史知识，也缺乏历史地看问题的思想方法。而当他们学习了历史，又掌握了历史地看问题的方法，他们的认识就发生了变化。这里，我引用一位学生所写的体会来做例子，他在体会中写道：“作为一个涉世未深的青年人，过去我并不了解、不懂得祖国的昨天和今天，不知道祖国有着如此悠久的、灿烂的文化。我曾向往西方资本主义国家先进的生产力和较高的物质生活水平，把它与中国的现实相比较，就感到迷惑，简单地认为中国不如西方，对中国共产党是否真能领导我们把国家建设得强大起来也缺少信心。通过学习历史，特别是学习近代史，把中国的今天和昨天相比，又把中国的发展变化过程与西方资本主义国家的发展过程相比，我才有了新的认识。首先，我认识到在经济建设上，我国同西方资本主义国家的起点不一样。半殖民地半封建的旧中国留给我们的是极端的贫穷落后，我们是在这样的基础上，依靠自

己的力量，发展到今天这个水平的。而资本主义国家都是依靠血腥的资本积累致富的，他们正是凭借着对像旧中国那样的落后国家的侵略掠夺而发展起来的。即便这样，我们的发展速度也是相当快的，经过三十年的建设，我国工农业有了飞速发展，许多尖端科学处于世界先进水平。在我认识到我们并不比西方差的基础上，重新看我国的古代史，更觉得祖国可爱可敬。我为自己是中国人而感到骄傲，对那些侵略我们的帝国主义感到憎恨。我愿为保卫和建设我们伟大的社会主义祖国贡献自己的力量。同时，和过去对比，我认识到今天的幸福全是中国共产党带来的，我无限热爱自己的党。想到中国共产党走过的坎坷道路，经历过的一次又一次的考验，领导人民取得的一次又一次的胜利，我坚信党的伟大，坚信党能领导我们建设强大的现代化国家。”这个学生认识上的变化是很有代表性的。学生们在总结自己学习历史的收获时说：“我们学习历史，不仅能掌握历史知识，而且能提高分辨是非的能力。”

学生们的反映表明：生动的史实所具有的感染力，教师在教学中历史地认识问题、分析问题的方法，以及引导学生联系实际运用所学知识，通过自己的分析得出正确结论的做法，符合学生的要求和思想实际，因而教育取得了实效。这是使爱国主义教育取得效果的重要途径。

总结这次调查的体会，我们认为今后在历史课中加强爱国主义教育要抓以下几个环节：首先，要端正认识，明确要使爱国主义教育取得效果，主要是通过改进教学，提高教育质量，培养学生的爱国主义思想感情，启发他们学习历史的兴趣，调动他们的学习积极性。其次，提高教育的指导思想水平，以坚持四项基本原则为指导，进行爱国主义教育，把教育的要求落实到提高学生的社会主义觉悟上。最后，改进教学方法，加强教学的针对性，寓论于史，恰当地联系实际，教给学生运用历史唯物主义基本观点分析问题和认识问题的思想方法，从而把思想教育的要求转化为明辨是非、坚持

“三热爱”、坚持四项基本原则的能力。教学沿着这个方向前进，定会取得更大的成果。

发表于《历史教学》1982年第6期

建立“分类推进”的教学管理体制

三年来，我们以把学习主动权交给学生，使他们在德智体几方面生动活泼地主动地发展为方向，组织教师进行教学改革。改革的中心环节是改革教学方法。改革的关键是要求教师的教学过程要体现出学生是学习的主体，教师的主要任务是教学生学会学习，通过提高学生学习的主动性、积极性，提高学生学习能力，去实现教学要求，落实教学任务。为此，我们改革了旧的教学管理体制，建立了以学生为学习主体的教学质量管理体制。这个管理体制的特点是：面向全体学生，从实际出发，将学生分类进行推进。我们把这叫作“分类推进”。

教学是教与学的辩证统一过程。学生是学习的主体，教师是为学生服务的。学生的学习质量是教学过程的效益体现。教育方针、教学大纲、教学计划的要求在学生身上落实的程度，是衡量教学效益的唯一标准。学生学习和发展质量的信息同教师的教学是一种反馈联系。教师在教学过程中的主导作用，主要表现为根据学习质量的反馈信息，不断调节和改进自己的教学过程，以期做到动机与效果的统一、教学要求与落实情况的一致。学生学习和发展质量是教师个体与教师集体协调施教的效果体现，是教师集体综合治理的结果。组织教师集体去面向全体学生，全面提高质量，是教学管理的

根本任务。建立体现学生是学习的主体，以学生的学习和发展质量为对象的管理体制，就是要求学校领导要把教学的反馈过程组织化、计划化，从而把教师、学生都组织进入管理系统。要做到这一点，需要抓好以下几个方面。

一、建立以班级教师集体为管理主体的质量管理指挥系统

过去，我们实行教师教学过程与学生学习过程的平行管理，对教学管理的指挥系统是校长—教务主任—学科组长—教师—学生；对学习的指挥系统是校长—教务处—学生。在这种平行管理体制下，我们虽然也力图通过向教师输送学生学习质量的信息，去调节和指导教师教学过程，加强这一过程的质量管理，但终因没有把两个过程有机地结合起来，导致长期不能解决教与学在实际上脱节的问题。教师实际上是为了教而教，对质量是见“分”不见人；学生实际上是为了考而学，对学习是只顾背书、做作业。长期以来，教与学两条线“接触不良”，或者是根本“接不上火”。教书与育人统一这一要求，在教学过程中总是落实不了。

在教改进程中，我们以“系统工程”的观点，重新认识教与学的关系，明确应用反馈原理，把两个过程有机地统一为一个系统。首先，我们将教学管理系统加以改革，另建一个质量管理的指挥系统，即校长—教导主任—班级教师集体—学生的系统。管理方式是在期中、期末考试以后，每位教师通过试卷分析，结合平时考查，分析学生学习和发展的质量，将学生分出档次。在此基础上，由校长、教导主任主持召开班级质量分析会。在分析会上，由班主任主持，请任课教师提供自己的建议和数据，将本班学生逐个分析，归类分档，同时研究提出要解决的主要问题和相应措施。分析会后，

在班主任主持下，由任课教师制订对每类、每个学生的提高计划和措施。之后，观察上述措施落实的效果，总结经验，为下轮分析做好准备。

二、根据教学目的和要求，从学生实际水平出发，划分学生质量类别档次，制订推进措施

过去分析学生质量，常用的办法是以分数为标准划分质量档次。这种分析，是见“分”不见人，对质量状况只知其然，不知其所以然，当然也就找不到提高质量的具体措施。教学改革后，我们根据教学的目的要求，具体规定了学生学习和发展的质量指标及其标准，使分析做到定量定性，教师能通过质量指标的分析，通过学生的学习成绩，掌握学生发展质量的真实情况。这样不仅看到了学生分数，而且做到了心中有学生的全貌，由此促进教师自觉地把教书育人统一起来。

我们认为，用教书与育人统一的观点来规定教学的目的、任务，应包括：①传授本门学科的基础知识和基本技能，即“双基”。②结合本门学科的特点对学生进行思想政治教育和共产主义道德品质的培养。③发展学生智力，培养学生能力。④指导和培养学生掌握正确的学习方法和思维方法。⑤培养和训练学生形成良好的学风。这五个方面应该在教学过程中统一进行，在学生质量上统一体现。从落实情况看，思想政治教育和共产主义品德培养的效果，一般体现在学生的学习目的、思想方法、学习动力和作风上。因此，我们的质量标准从“双基”、能力、方法、学风四方面来制订，初步订为四项二十条。

“双基”包括四条：掌握知识的准确、熟练、牢固的程度；有无较大的漏洞；知识的掌握是系统的，还是“散装”的；技能掌握

情况和熟练程度。能力包括观察力、记忆力、想象力、思维能力、动手操作能力和探索研究能力、运算能力、独立获得知识的能力、运用“双基”分析问题和解决问题的能力、表达能力十一条。学风包括学习动力、学习意志、学习作风三条。方法包括学习方法、思维方法两条。

教师根据这四项，结合本学科的特点，对学生进行观察并记载，综合考试结果进行分析，抓住学生表现出的主要倾向，进行分类。经过班级教导会上教师集体的分析，将一个班的学生大体分为四个类别，各类再分出上、中、下三个档次。

一类：四项都好，质量全优，能独立思考，成绩总是稳定在“优”上，基本上是全面发展的“尖子生”。二类：四项比一类都差些，有明显的较小的缺点，成绩总是稳定在“良”上。三类：比二类有明显的差距，四项中的某一项有较大缺陷，成绩在“中”上下波动。四类：四项都不好，在四个方面都有明显的欠缺。

分类便于教师进行教学反馈，找到学生的“生长点”，把握住进一步提高质量的“突破口”，为教师提供制订推进计划的依据。达到了这些目的，分类工作就算完成，班级教导会也就告一段落。

三、贯彻因材施教原则，教师分别制订对各类学生的教学要求和辅导计划，切实推动学生进步

班级教导会后，每位教师都要根据会议提出的要求，制订自己的教学和辅导计划，具体推动每一类学生进步。这一环的关键是通过教师的思想工作和具体指导，提高学生自我管理的自觉性，把学生组织进管理过程。这个环节的成效，取决于教师与学生的认识是否对上了口径，师生是否能拧成一股绳，形成“共向合力”。为此要做好三项工作。首先，教师要向学生交底，让学生对自己的学习

和发展情况有一个实事求是的判断，对自己存在的问题有个清醒的认识，使学生能够对自己存在什么问题、怎么去解决都了然于心。对教师来说，这是一项艰苦细致的工作，必须做好。其次，教师和学生共同制订配套的辅导和学习计划，行动上紧密配合。最后，教师用疏导法，引导学生找准“突破口”，努力突破。

学生孙某，在班级教导会上被教师确认为“三类”。她的主要问题是学风问题，平时在课堂听课明白了事，课下作业浅尝辄止，不怕考试，对题目自认为都会做，但得分总遭七折八扣，落个六七十分。教师通过事实，从试卷分析中引导她认识“聪明反被聪明误”的道理，鼓励她和自己的不良学风作斗争；同时，通过听课、做作业的严格要求和训练，让她尝到改正缺点后学习上有较大收获的甜头，体会到教师帮助她的一片苦心。高中毕业时，她以总分近500分的成绩考上了重点大学。

学生马某，学风好，学习刻苦，但方法不够灵活，思路不够开阔，能力很低，考分常常是刚刚及格，被定为“三类”下。教师对他的教学和辅导，就集中在使他“开窍”上：给他讲课，注意引导他观察和体会教师的思路和处理问题的方法，有意识地做思路示范；批阅他的试卷、作业和听他回答问题时，主要抓他的思路，指导他解思路上的“扣”；给他布置作业，合理设计题的难度梯度，让他从基础知识的单项运用逐步发展到综合运用，引导他掌握知识间的联系和规律，把知识学活用活。高中毕业时，他也以总分近500分的成绩考上了重点院校。

刘某是个在体育运动方面很有才能的学生，入学时“双基”、能力、学风、方法都差。在高三时的一次考试中，数学才得了7分，被定为“四类”。教师对她的教学和辅导都立足于补“双基”课，在帮助她解决了思想问题以后，通过补课，帮她一步一步从基础知识补起，不好高骛远。最后她考上了体育学院。

分类推进的做法，从大面积提高的幅度上看，效果也很明显。

1982届高三学生，在刚进高三第一轮分析时，估计成绩能进入高考录取分数线的仅占45%，第二轮分析时上升到50%，第三轮则上升到70%，第四轮分析时估计能达90%以上。最后考上的实际人数是93.8%，考上的学生数和具体人，基本上和预测情况相吻合。

经过两年多的实践，这个管理体制彰显了它的生命力，得到师生的拥护。它在促进教师转变教育思想方面，起了显著作用，多数教师发生了四个转变：教学指导思想从教书转到教书与育人相统一；教学工作的重点从钻书本转到研究学生；教学方法方面从单纯传授知识转到侧重指导学习方法；质量观从着重看考试分数转到看学生的全面发展。

实行这个管理体制，对教师的责任心、专业知识水平、教学能力、工作精力都提出了很高的要求，成倍地增加了教师的工作量。目前，从要求保质保量落实的标准看，我校仅有少数教学骨干能达到要求，多数人只能做个大概。但它确实是推动教师面向全体学生、全面提高质量、做到教书育人统一的有力杠杆。我们正在通过总结逐步使它完善。

发表于《人民教育》1983年第5期

· 韦力（中）经常教导学生：爱国情结和报国之志是一个人真正成为祖国需要人才的关键。

· 党的十一届三中全会后，天津一中迎来了发展的春天。图为韦力（右二）与数学组教师一起探讨教改思路。

· 党的十一届三中全会后，天津一中迎来了发展的春天。图为韦力（左三）参加史地学科的教研活动。

· 党的十一届三中全会后，天津一中迎来了发展的春天。图为恢复工作后的韦力（中）与教职工一起做工间操。

· 1985 年，天津一中教代会成立。图为韦力在第二届教代会闭幕大会上讲话。

· 1988年和1992年，韦力（中）先后两次当选全国人大代表。图为韦力在人大会议期间在天安门前与其他代表合影。

· 1997年，韦力（中）参加全国高级中学校长委员会年会。

· 2000年，韦力在天津市教育学会学校管理专业委员会年会上发言。

· 2007年9月，韦力（右五）参加天津一中建校六十周年庆祝活动并与教师代表合影。

· 2009年9月，李新校长探望韦力（左）。

· 2012年10月，韦力（前排右五）参加天津一中建校六十五周年庆祝活动。

· 2013年5月，学生代表探望韦力（中）。

· 2017年6月，韦力（右三）为天津一中题词——“与祖国共辉煌”。

三、校长素养

在这一部分中，收录了《努力做一名合格的中学校长》《校长修养》《“三个面向”对中学校长提出的素质要求》三篇文章。这一部分聚焦一位中学校长应该具备怎样的素养，如何成为一名合格的校长，为学校教育教学改革作出贡献。

在《努力做一名合格的中学校长》中，韦力同志从办学的基本环节、校长的基本条件、校长的任务和智能结构、校长的工作方法和作风、校长的思想政治修养这五个方面展开论述。在《校长修养》中，韦力同志从“一、二、三、四、五”的角度谈校长工作：校长有一个任务；校长有两重性；校长有三种当法；校长要四个作用集于一身；校长要从德、才、学、识、风五个方面加强自我修养。《“三个面向”对中学校长提出的素质要求》提出，中学教育要实现面向现代化、面向世界、面向未来，首先要求校长要按照“三个面向”的要求，提高自身的素质。校长要深入领会“三个面向”的精神，提升办学思想境界，端正办学思想；准确把握“三个面向”对学校教育提出的要求，提高教育改革的自觉性；校长要具备领导学校教育实现“三个面向”的能力，为此需要实现八个转变。

韦力同志关于中学校长的阐述对于新时代的教育仍具有很强的借鉴意义。在党的教育事业中，校长队伍建设是极为重要、极具特色的组成部分。校长应坚定理想信念，坚定正确的政治方向，不断提高自身思想道德素质和政治素养，贯彻党的教育方针，明确学校建设和培养人才的目标，不断提升教育思想、创新教育实践，深刻把握基础教育实际，深化育人方式改革，促进学生德智体美劳全面发展，落实立德树人根本任务，真正办好人民群众满意的教育。

努力做一名合格的中学校长

1978年4月22日，邓小平同志在全国教育工作会议上指出："提高教育质量，提高科学文化的教学水平，更好地为社会主义建设服务。"（《在全国教育工作会议上的讲话》）要提高教育教学质量涉及的因素很多，但其中非常重要的一条是必须充分发挥校长在学校实际工作中的领导作用。怎样做一名合格的中学校长，这是我们要研究的课题。我从五个方面谈谈这个问题。

一、办学的基本环节

学校要有学校的样子，就是说学校之所以称为学校，是有它的规定性的。学校的本质，它的规定性职能，就是培养人。凡是学校都离不开这一条。办学育人，就要依据人的成长规律和教育规律来进行。办学有几个基本环节，抓住了这几个基本环节就能体现校长的领导作用。根据直接和间接的经验，我们曾编出一套"三字经"来概括这几个基本环节。它们是这样几句：立宗旨，明方向；建核心，组队伍；育校风，美校容；立规矩，严管理；尊老师，爱学生；学理论，钻科学；讲志气，树理想；倡节约，练作风。

（一）立宗旨，明方向

办学首要的是明确学校教育的性质、特点和根本任务。学校是培养人才的地方，它必须按照社会的需要，按照既定的培养目标，对教育对象从思想品德、知识能力、生活作风等方面施加影响，进行培养。我们每一所学校都应该端正办学指导思想，明确办学方向。但仅仅按照党的教育方针确立办学宗旨是不够的，还应该具体化。

怎么具体化呢？首先应明确学校建设和培养人才的目标，能正确回答什么样的学校是好学校、什么样的老师是好老师、什么样的学生是好学生，有一个衡量是非的标准、检查工作的尺度。校长必须把这一条作为自己首要的基本功。有了这个，就有了办学的主见，就能不受干扰，就能系统地总结、积累自己的工作经验，掌握教育规律，从外行变内行，成为教育家。

什么样的学校是好学校？我认为，能培育出合格人才的就是好学校。有了这个认识，就能把着眼点放在怎样育人成才上，就不会只见“分”和“率”，不见育人，而能用人才标准统率“分值”和“率值”。有了这个标准，就能具备分辨是非、鉴别各种教育观点的能力，就能吸收有利于促进学生德智体全面发展的东西，抵制错误的做法，真正实现“对学校的领导首先是教育思想的领导”这一要求。

那么，合格人才的标准是什么？教育方针规定的总目标是培养有社会主义觉悟的有文化的劳动者，是德智体全面发展的社会主义建设人才。把总目标具体化，使它能在学生身上落实，成为衡量学校教育质量的标尺，这是校长的又一基本功。明确合格人才的标准，对提高教育的实效性十分必要。我们总结了成千名毕业生成长的过程，初步明确了这样几条：①身心得到健康的发展。②具有坚定、正确的政治方向，政治上有追求，组织上有要求，有为社会主义建设事业作贡献的理想。③有自学能力和自治能力。④生活上艰苦朴素，事业上有艰苦创业的精神。有了这几条标准，通过教师对学生进行具体有效的引导，使教育方针在每个学生身上落实。明确了合格人才的标准，把教师的思想和行为真正统一到党的教育方针上来，从而也就明确了好教师的标准。一个好教师的重要标准之一是能在教育实践中表现出强烈的事业心和责任心。有了标准，就具有了挑选、培养、使用教师的依据。办学宗旨，归结到一点，就是培养人才，既培养符合社会主义建设事业需要的学生人才，又培养能培养这种学生人才的教师人才。从这里着眼办教育，是校长办学的根本指导思想。

（二）建核心，组队伍

学生的灵魂要靠教师塑造。建设一支以领导班子为核心的又红又专的教师队伍，是办好学校的基本条件之一。

团结领导班子，建设教师队伍，其实质是做人的工作，特别是做人的思想政治工作和组织工作。做教师的工作，就是做知识分子的工作。学校领导要懂得党的知识分子政策，掌握其思想规律和特点，要与他们有多方面的共同语言。和知识分子格格不入，是做不好教师工作的。

（三）育校风，美校容

影响学生成长的主要力量，一是教育，二是环境。在一个学校内，校风和校容，是教育环境的基本组成部分。

好的校风是无声的教育力量。它能鞭策学生努力，滋润学生心田，净化学生思想，提升学生的精神境界。

校容整洁，提精神，促自爱，对学生有熏陶感染和约束作用。例如，一个学生这样讲他的感受：“学校到处张贴不准随地吐痰的标语，我还是禁不住随地吐了一口。因为学校很脏，到处是垃圾，

不觉得有什么不妥。如果学校环境很美，到处整齐清洁，就不然了，心里不忍。”学生的衣着朴素大方，校风很好，个别学生穿奇装异服，就会觉得不合辙，如芒刺在身。社会上也在透过校容和校风，评论一所学校的优劣。

培育良好的校风，建设优美的校园环境，也是校长的基本功之一。校长对这方面工作，一要予以重视，二要掌握它的规律。校风是长时期形成的，点滴积累起来的。培育校风，一靠宣传教育，二靠领导带头，三靠开展竞赛。班级是学校的组织基础，校风的培育要从赛学风、赛班风开始，教师赛教风，干部赛工作作风。三方面互相影响促进，形成良性循环。有了成果就用制度等形式固定下来。培育良好校风，要领导带头，师生齐心，日久天长，功到自然成。

（四）立规矩，严管理

学校是个组织，各部门的工作环节紧密相关，需要环环扣紧，协调工作。工作有章法，行为讲规矩，学校井井有条，人员彬彬有礼。这是学校性质所决定的。立规矩，严管理，也是学校的基础工作之一。

“立规矩，严管理”，要适宜、可行，还要领导、骨干带头。但最根本的还在于立的规矩要符合办学规律，不然就事与愿违。学校规矩的基本内容是：建立以教学为中心的教学秩序，教职工和干部的言行准则和岗位责任制，学生守则，学生思想、学习、生活的常规，教育教学工作的必要程序，各部门的工作常规以及各活动场所的规则等。总之，各项工作都必须立规矩，并严格执行。

立规矩、严管理的基础是师生的自觉性。立规矩、执行规矩都必须放在充分的思想教育基础上。规矩的严肃性、权威性来自有规必依、犯规必惩。规矩失信，则领导失灵。依照规矩严格管理的实现，要有领导支持和群众拥护这两个后盾。

（五）尊老师，爱学生

学校这个集体，基本上是教师（干部、职工在一定意义上对学生也是教师）和学生两部分人组成。在教育过程中他们构成了矛盾的两面。教育工作的性质规定了师生之间的正常关系，应该是尊师爱生。尊师才能道严，教育才能被接受；爱生才能乐教，教育任务才能切实实施，并产生实效。可以说，尊师爱生是学校中处理人与人关系的根本原则。因此，培养尊师爱生的风气，形成良好的师生关系，是校长办好学校的又一项必需的基本功。

首先，校长对这个问题的重要意义，要有足够的认识。校长要看到这是关系到教育质量的根本问题，要把它摆在学校基础性工作的地位上来抓。其次，校长要注意自己的表率作用。校长对待教师的态度十分重要，安排使用、工作更动、批评表扬等都不能草率从事，而要考虑到对教师威信、教师集体的影响。尊师爱生风尚的形成，教师要起主导作用。校长要帮助教师去正确对待和培养自己的威信，重视自己的表率作用，强调爱生是教师活动的行为准则。教师爱学生主要是从学生的全面发展、健康成长着眼，因此要严格要求。校长要把尊师作为学生思想教育的重要内容，贯穿到一切教育活动中去。

（六）学理论，钻科学

学校可以比作由若干零部件组装成的一台机器，要按一定的客观规律开动和运行。办学校则必须遵循这一运行规律。瞎指挥，乱开动，势必把学校弄得纷纷然，昏昏然，一团乱麻。这就毁了学校。做学校工作多年的同志有个共同体会：当学校受到不正常现象的干扰，乱搬理论，乱套经验，搞形式主义时，或者领导思想、工作方法带有片面性，受到不正确东西的冲击时，学校往往陷入方向模糊、不知所措的状态。究其原因，都与对教育本质的认识、对教

育规律的认识不正确有关，错误的认识是由于缺乏必要的理论修养，缺乏正确的理论指导。因此，学习理论，钻研教育科学，也是学校建设的基础工作。

学习理论，钻研教育科学要密切联系实际，有的放矢。学校学习理论，比较容易犯教条主义的错误，搞生搬硬套。20世纪50年代学苏联，生搬来“三个五”（五级分、五段教学、五环节）。当前强调发展智力、培养能力，也不能盲目追求“发现法”“高速度”“高难度”，要结合我国的实际。

校长必须从理论与实践相结合上去抵制形形色色的教条主义，并通过自己的“身教”作用，引导教师、干部深入实际，在理论指导下，通过实践去把握教育教学规律，使工作科学化、高效化。带领教师真正掌握马列主义和教育科学理论，并用之于实践的校长，才是清醒的、有作为的校长。

（七）讲志气，树理想

毛泽东同志说过，人是要有一点精神的。一个国家要讲民气，一个部队要讲士气，一所学校也一定要讲志气。我认为志气是学校的命脉，是推动师生前进的动力。

教育塑造人的灵魂，教师则是灵魂的工程师。志气是灵魂的表现，办一所学校，使其永葆活力的能源就是革命志气。善于用正确的理论激励师生立大志、树理想，是校长的基本功。因此，校长首先要有志气。强将手下无弱兵，志气得靠志气引。志气是思想意识，它来源于实践，又通过实践来发展。

校长考虑工作，制订计划，要引导群众从大处着眼，小处着手；应处处体现校长工作的创新精神，引导师生始终保持生气勃勃的精神状态，不断攀登前进。这是校长日常工作的主线。校长要提倡敢想敢干，鼓励师生在坚持四项基本原则的前提下，解放思想，勇于探索，通过实践去探索真理，实现理想。

我认为在中学，特别是在低年级开展励志活动是非常有益的。

（八）倡节约，练作风

办学要有必要的物质基础，了解学校在教学设备等方面的需要，保证教学的物资供应也是一项重要工作。校长主要是抓住这项工作的教育意义和培养作用，坚持勤俭办学方针，鼓励师生自己动手，艰苦创业，爱惜劳动成果，增强劳动观念。让这种艰苦奋斗的作风形成传统，就会对师生起到潜移默化的教育作用。

二、校长的基本条件

怎样才算一个合格的、称职的校长？这就需要探讨一下校长的基本条件。

邓小平同志说，我们的干部队伍，应是坚持社会主义道路的，有专业知识和能力的，又红又专的。他讲到学校干部时，强调领导和管理才能。他还指出，学校的干部至少应该是懂得教育的有管理学校专长的专业人员，会管某一类学校。（参见《目前的形势和任务》）

从实践经验来看，我们的学校规模都较大，要管的事面很宽，管理工作也很复杂。学校素有“社会缩影”之称，大到政治活动，小到职工生活，以至生老病死、婚丧嫁娶的事，学校都有份儿。要把这么一个复杂的“小社会”组织和领导起来，搞得热气腾腾，团结向前，校长没有相当过硬的领导和组织才能是不行的。

教育是学校的本职，教学是学校的中心工作，校长不懂教育教学当然不成。我说的领导和组织才能，包括行政和教育教学的领导和组织才能，以后者为重。领导和管理教学的工作与教学既有联系又有区别，领导和管理教学方面的知识与实践能力的重要性至少应不亚于会教学。当然，领导和管理教学能力的重要基础是教学实

践，这是不可否认的。所以，校长应有一定的教学实践经验。但绝不是说当好校长的基本条件仅是具备教学实践经验和教学能力。校长的任务主要是要领导和组织教师去贯彻教育方针，实现教育目的。因此，衡量校长是否合格、称职还有一个根本性的条件，就是有没有群众威信，能不能取得教师的信任和拥护。

校长的威信、校长的领导权威绝不是对校长的个人崇拜。相反，搞个人崇拜，校长就不能摆正与党、与学校集体之间的关系，必然丧失党的原则和群众威信。

校长的领导地位，决定了他对学校行政范围内的事有权决定、“拍板”，群众需要服从。但这个服从可以是对权力的服从，也可以是以领导威信为基础的自觉自愿的服从。而校长领导工作的成败，取决于能否把领导意图变成群众自觉的行动。能否做到这一点，关键还在于校长有没有威信，能不能成为群众心悦诚服的领导权威。权威性必须成为名副其实的校长的根本属性。校长领导和管理学校的才能只有在有威信的前提下才能充分发挥作用。没有威信，只有才能，没有用；有威信又有领导和组织才能，才有可能把学校领导好。

实践经验告诉我们，校长在教师群众中的威信，首先取决于校长的政治思想素质，概括起来叫作“四有”“两心”“一作风”，即有服人之德、知人之明、用人之胆、爱人之情；事业心强，责任心强；还有一个民主作风。而政治坚定、坚持四项基本原则、德才兼备是领导威信的基础。威信又是通过实践形成，在实践中检验和发展的。据我的体会，威信的确立和巩固，在具备上述基本条件的基础上，主要看以下五条：①领导要能多谋善断，有决断力。特别在关键时刻，能作出准确判断。领导做的决定有科学性、可行性，就能让群众对领导形成信任，产生信赖感。②执行决定的坚决性，即做到言必信，行必果。决定下来的事就狠抓落实，使群众切实感到领导的决定具有权威性，从而产生责任感。③以身作则，身先士卒。在执行决定过程中，身教胜于言教。有了身教，群众和领导会同心同德，有共同战斗的心气儿。④襟怀坦白，坚持实事求是的思想路线。待人处事公道正派，是非分明，奖惩分明，功过分明，让群众信得过。⑤有领导者的气魄，作风民主，敢于批评和自我批评。敢于坚持真理，勇于纠正错误，主动承担责任。不居功，不诿过。让群众跟领导交流没有顾虑，热心于向领导献计献策。

三、校长的任务和智能结构

前面讲了合格校长的基本标准，强调校长必须具备领导和组织管理能力，有群众威信。但这是必要条件还不是充分条件。要办好一个学校，还要求校长具备一定的智能结构。领导和组织管理好学校，是由多种智能因素决定的，是各种智能综合作用的结果。威信也不是凭空建立起来的，它是校长智能外化所取得的成果，是卓有成效的工作在群众心里形成良好印象的积累。因此，我们研究校长怎样才能具有领导和组织管理能力，怎样才能形成群众威信时，需要去探讨校长的智能结构。校长的智能结构就是完成任务、克尽职责所必需的智能条件。研究校长的智能结构，首先得明确校长的任务。

（一）校长的任务

校长的任务总的讲是贯彻党的教育方针，办好学校。具体讲有以下几方面。

1. 学习、理解党的教育方针

学习，要掌握精神实质，形成自己的信念，使教育方针真正成为办学的指导思想，成为学校各方面工作的精神支柱；用党的教育方针去统一全校师生员工的思想，使他们增强贯彻、落实党的教育

方针的自觉性。

2.学习教育理论

在教育理论的指导下，探索教育规律。运用教育规律来为贯彻党的教育方针、实现培养目标服务。

3.做好行政管理

根据党的教育方针、培养目标的要求，建立良好的学校工作秩序、指挥系统和规章制度。搞好行政管理，搞好德智体的领导和组织管理，领导教师不断完善教育教学过程。

4.做好思想政治工作

团结师生员工，引导学生确立正确的学习目的，抓好对学生的学习管理和生活管理工作。

5.发挥学校作用

了解和把握社会动态，协调社会和学校的教育力量，发挥学校在社会主义精神文明建设中的作用。

6.抓好“四个队伍”的建设

“四个队伍”，即以领导班子为核心的干部、骨干队伍；以思想政治教育人员为核心，包括学生骨干力量的思想政治工作队伍；以骨干教师为核心的教师队伍；以热心教育的家长为核心的社会教育队伍。抓好“四个队伍”的建设，形成学校建设的良好集体。

7.贯彻勤俭办学的方针

管好经费和财物，充分发挥资金和设备的作用。

8.做好上传下达工作

配合党和国家的中心工作，完成党政领导下达的各项工作任务。

校长怎样去实现这些任务，履行自己的职责？我认为，校长的领导能力、领导艺术和领导水平，应该体现在抓住影响和牵动这些任务和职责的中心环节，协调和推动学校建设向前发展，不断提高教育工作质量。这样，校长的工作才有生命力。学校工作的中心环节是什么？回答这一问题首先要求我们去切实探讨、把握学校教育的特殊性。

教学是学校的中心工作，这是学校工作的客观规律。我认为，这里表述的中心是指学校秩序的建立、学校工作的安排、领导工作的布局所围绕的轴心。我想，应当将决定学校发展、制约学校一切工作的基本规律和主要矛盾作为抓中心工作环节的依据，来推动学校的工作。什么是学校工作的主要矛盾？我认为是育人的现实情况、进程和质量与党和国家的要求的矛盾，这应作为校长思考的重心、工作的中心。简而言之，校长要把抓学生德智体全面发展作为自己工作的主体。支配我们社会主义学校教育内部工作的基本规律是学生的德智体全面发展，学校工作中出现弊端，校长工作中出现失误，说到底都是违背了这条基本规律。这条基本规律是否可以这样表述：以教学为中心，不断协调学校教育各方面的工作，综合平衡领导和教师的力量，促进学生德智体全面发展，以满足随着社会发展而不断增长的对社会主义建设人才的需求。这就是学校工作的基本规律。

（二）校长的智能结构

校长作为一个学校的主要负责人，应该以学生的全面发展向国家负责，工作重心是面向全体学生，研究、解决学生全面发展中的矛盾，不断提高办学质量。要做到这一点，校长应具有什么样的智能结构呢？我归纳为“四个头脑”、九种能力。

1.“四个头脑”

（1）政治头脑

他能自觉地以四项基本原则为准绳，明辨是非，并用自己的言行去维护四项基本原则。能把抓政治与抓业务有机地结合起来，融为一体。校长应该是坚定的马列主义者，能端正和把握办学的政治方向，并把它放在自己工作的首位，决不在政治上稀里糊涂。校长

的榜样作用和身教，首先应当在这方面体现出来。

（2）文化头脑

校长要有较渊博的科学文化知识，涉猎各门课程，并有一专长，其他学科能看得懂，听得明白。要有相当广泛的社会和生活知识。校长应能进行一定程度的研究工作，对知识的形成过程、结构体系、研究方法，有一些体会。当前要强调学习和掌握思维科学知识。

（3）业务头脑

懂得教育教学的规律和原则；掌握教学大纲的要求；熟记体育锻炼标准、学生守则要求及教育教学的一般工作常规。能做到不说外行话，不干外行事。

（4）科学头脑

科学头脑主要是指基本掌握唯物辩证的思想方法；有实事求是和科学分析的态度；思路清晰，谈话、工作有条理性。

2.九种能力

校长在领导、组织和管理上应具备以下九种能力。

（1）决策、决断能力

能把上级的指示和学校实际结合起来，作出工作决策；能把长远目标和当前打算结合起来，既能提出学校发展的前景规划，又能制订实现它的当前目标，做到领导工作不断线，有系统性、衔接性；遇事能当机立断，一抓到底，勇于负责。

决策、决断能力，还可细分为一系列的能力组合。其中最主要的是辨别方向，准确把握情况，即吃透两头，这是决策、决断能力的两个基本环节。

（2）发现问题、提出问题和解决问题的能力

能从教学实践、听课、分析学生学习质量等实际工作中发现问题，提出问题，然后向群众指出如何解决问题，明确前进方向，从而体现校长对工作的具体领导。

（3）组织能力

组织能力主要体现在知人善任。校长一定要有识别人才的本事，对自己下属的长处、短处、人与人之间的关系，都能了如指掌，能做到一事当前，择人适当。能大概估计出一个人在办事中可能出现的情况和问题，能把话说在先，工作做在前。

知人善任能力的最佳值，是用人者用当其才，被用者乐于为用；共事者之间齐心协力。要做到这些，领导者一要对人有具体的了解和分析，二要懂行。

（4）做思想工作的能力

加强思想教育是完成工作任务的中心环节。

（5）教育实践和实验能力

教育教学是一门科学，有它固有的规律。校长领导教育教学工作就要去掌握和发现这个规律。其根本途径是实践。这样，才能加深理解教育理论，印证它的科学性，发现新的规律，丰富和发展教育理论。

（6）接近、观察、了解学生的能力

这一点往往被一些校长所忽视。有人认为，校长是通过教师对学生进行教育的，校长只要抓好教师队伍的建设就行了。这是不行的。校长领导工作的成效，是以能否使学生获得全面发展的教育实践来检验的。校长必须从学生那里获得关于领导工作的反馈信息。更重要的是，学生是学校的工作对象，是学习的主体。实现教育要求，缺少不了学生的主动性和自觉性。做学生工作，深入学生，了解学生，进行直接实验，是校长丰富领导思想、积累领导经验的主要途径。

（7）总结和计划工作的能力

党的工作原则，是从群众中来，到群众中去；集中起来，坚持下去。计划能力的实质是善于总结群众经验，集中群众智慧，形成领导意见，变成群众的行动。

（8）反馈能力

能正确把握教职工对学校工作计划、工作任务的反馈信息，作出适当的反应。

（9）较好的智力发展水平

上述的几方面能力都需要较好的智力作基础。如果头脑不清，认识能力低，即使身居领导岗位，实际上也起不到领导作用。

四、校长的工作方法和作风

关于领导方法和作风，毛泽东同志有许多论述，如：一般号召与具体指导相结合，用典型带动一般，集中起来坚持下去，突破一点推动全面，领导与群众相结合，通过调查研究解决问题，等等。这些都是校长工作的指导思想。问题是怎样结合学校特点运用这些思想。

学校突出的特点，是通过教师的脑力劳动，进行精神生产。脑力劳动是精神活动，其质量取决于劳动者的主动性和创造性，不能用一套刻板的方式去限制，也不可能用一套统一的模式去进行。教育过程是包括相互联系、相互影响的一系列工作环节的系统工程，它需要一环扣一环，协调地进行工作，给受教育者以统一的共同的影响。校长要把这个复杂的教育系统工程指挥起来，就要考虑相应的工作方法。

肯定地讲，用指令的办法去指导教师的工作，限制教师的主动性和创造性，搞遵命教学，效果不会好。那么，校长怎样体现他的领导作用呢？在工作进程或教育实施过程中，我认为主要表现为：统揽全局，调节矛盾，协调步调，推动工作。工作方法和作风主要有以下几点。

（一）做好计划，统揽全局

计划是学校工作的纲领。有经验的校长十分重视计划的制订，亲自抓这项工作，并深入实际去检验和修订。校长通过制订计划，统揽全局，调度和推动工作的全面开展，使计划逐步贯彻落实，这是校长工作的主轴。校长要像总体设计师，把各处室、教学班、学科组成员调动起来去提供“设计资料”，参与设计工作。校长的注意力要放在计划的制订、修订和推动落实上。

（二）统一思想，发扬民主，鼓励独创

思想统一是调节矛盾、协调步调的基础。缺乏这个基础就做不到统一计划，不可能用全局观点指导计划的贯彻落实，也不可能有效地调节矛盾，推动全局的工作。统一思想必须靠发扬民主。通过不同意见的争辩达到思想上的统一。在这个前提下，鼓励大家发挥独创精神。提倡教学有法、教无定法、因材施教，具体方法靠教师独创。

（三）运用系统方法，把握工作进程，做到胸怀全局

校长要胸怀全局，对学校全面工作做到心中有数。这样，决策才有根据，统一思想才有基础，和教职工交换意见才有共同语言，也才能避免瞎指挥和片面性。

学校工作千头万绪，怎样去把握全局呢？就要用系统的方法。如按思想政治、教学、体卫、行政管理归为几大系统，把握其中各个工作环节。如教学工作，包括备课、讲课、批改作业、成绩考核评定等。弄清环节程序，按系统综合，形成工作纲目。校长脑子里有了这个“联络图”，就能“成竹在胸”“指挥若定”地推动学校工作。

（四）善于学习，深入调查研究，坚持理论联系实际

教育工作是进行精神生产，要求有高度的自觉性、科学性。校长指挥和影响着成百上千的大脑活动，此项工作的精密性很强。他需要精密地观察、测量学校工作运行的过程和细微的变化。这种变化有时像海上风云，瞬息万变。校长要驾驭这个过程，掌握其进程，没有精细的头脑、开阔的眼界、广博的学识是不行的。

校长获得这些素质和才能，唯一的途径是学习。向书本学，在实践中学，向教师学，向学生学。学习方式是理论联系实际。调查研究，是把理论与实际、学习与实践联系起来的中间环节。好的校长是善于学习的校长。他的工作进程是实践、认识循环往复的过程。这个过程一刻也离不开调查研究。这是校长工作的精髓。

听课，是进行调查研究的一种极好方式，是最生动且真实的现场调查，也是深入教学的必要手段。因此，校长要把主要精力用于听课。听课的方式随听课的目的而定，一般有以下几种：①鉴定性听课。这是为对新入职的教师、新调来的教师进行了解，对其教学水平进行鉴定而进行的。可以连续听几节、几种类型的课，以获得初步的完整印象，从而能作出初步鉴定。②研究实验性听课。主要是领导有某种设想，校长和教师研究合作，请教师进行实验，领导去听课。③一般检查性听课。校长听课的立足点在于学习和研究。在这个前提下，可提些参考性意见。切忌向教师发出应该如何如何的指令性意见。但要进行总结，提出教学中存在的主要问题。

（五）总结经验，集中群众智慧

校长解决问题、体现领导作用、推动工作，主要是通过集中群众智慧，形成领导意图，用推广经验的方式进行。要求校长自己去示范，对各学科都进行具体指导，从当前的具体实际来说是不现实、不可能的。善于集中群众智慧，总结和推广群众经验的校长便是好校长。

（六）充分发挥行政组织和行政干部的能动作用，取得工作的主动权

校长的工作要领是抓全局、抓人的思想、抓总结和提高。不做单纯的事务校长、行政校长，要做一个学校的总指挥。行政工作很重要，要充分发挥行政组织作用，通过建立工作常规，明确职责，放手让行政干部发挥能动作用，去推动学校的工作。

五、校长的思想政治修养

实践证明，校长有什么样的水平就有什么样的工作面貌和工作质量。校长水平高低的标志和决定条件是什么呢？我认为，除了业务能力，主要是校长的政治素质、思想品德修养决定着校长的水平。

当前，教育界对教育的性质和职能的看法还存在分歧。但有一点我认为是十分肯定十分明确的，即学校的根本任务是育人。培养的人才，首先要具有坚定、正确的政治方向。学校是进行精神文明建设的主要阵地。因此，校长必须具有较高的思想政治修养，必须有不断提高政治素养的自觉性。

校长怎样培养思想政治修养呢?

（一）要有强烈的革命事业心和责任感

要求自己除党的事业外，别无所求。工作没做好时，坐不安席，食不甘味。工作立足于进取，善于开创新局面，不允许自己得过且过。

有了革命事业心和责任心，就有了奋发向上的精神，就能以革

命事业为目标，不断地进行自我修养和锻炼；就能自觉地接受革命思想教育，学习先进人物的精神；就能对业务精益求精。这样，就会不断地提高自己的认识能力和政治素质。

（二）关心政治形势，注意思想理论动态

努力运用马列主义基本原理、毛泽东思想去认识事物，既能认准方向，坚持真理，坚持原则，又能虚心学习，认真体察实际，修正错误，自觉地和党中央保持一致。要善于在与错误思想的斗争中进行自我修养和锻炼。

（三）在工作实践中注重抓倾向，抓思想动态

要锻炼自己从混乱状态和纷繁现象中把握事物本质的能力，并注意积累经验，逐步培养并保持政治敏感性和分辨是非的能力。

（四）善于学习

学习马列主义、毛泽东思想，向群众学习，从自己的经验教训中学习。发扬民主，虚心听取群众意见，严于解剖自己，善于总结积累经验，努力把自己锻炼成一个有主见、有干劲、有魄力、有组织能力、头脑清醒的领导人才。

发表于《教育研究》1983年第9期

校长修养

我当了三十年校长，谈谈校长工作一、二、三、四、五。

一、校长有一个任务

一个任务，就是贯彻党的教育方针，培养学生德智体全面发展。这是校长的中心工作，也是校长工作的基本实践。校长工作干得如何，就看是否真正把握住这个中心。怎么把握？我的体会是，要在学校建设能够保证和促进教育方针贯彻的环境和秩序，也就是从各个方面都围绕贯彻党的教育方针来开展工作，促进学生的德智体全面发展。校长要组织各方面的力量，进行调节、平衡，推动教育方针得到贯彻，学生得到和谐的、综合的、平衡的、生动活泼的发展。这并不是说几句话、做几个决定就可以实现的，校长需要深入实际，得懂得教育规律，而且要有教育领导者的敏感，就是学校出现了问题，校长反应得快，能把握问题出在什么地方，怎样去解决。从指导思想来看，校长办学思想明确，他对全体教职工首先是在教育思想上的领导；从工作质量来看，校长采取的每一个措施、步骤，产生的效果必然是促进学生德智体的全面发展。所以，贯彻党的教育方针并不是轻而易举的，需要校长做艰苦的工作，付出极大的努力，甚至要作坚决的斗争。

二、校长有两重性

校长是教育局在学校的代表，又是一所学校的总负责人。这两重性，有时会使校长工作产生矛盾：一方面，学校有它自身的发展规律和工作进程。校长要从学校的实际出发，去考虑他的工作计划和工作安排，有步骤地把学校建设好，这就要求校长有相当的主动性和主动权。另一方面，教育局布置的任务也必须完成好。这样，有时就会有矛盾。如果能把这个矛盾处理好了，校长就主动了。我的体会是，校长要真正吃透党的教育方针，真正摸透学校的规律，并善于把这两者结合起来。例如局里布置“五讲四美”、解决脏乱差的任务。学校对这一工作有几种抓法：一种是搞突击，一种是和教学相结合。我把“五讲四美”看成是思想建设的重要内容，纳入到教师队伍建设之中。这样，学校工作增加了新的内容，但秩序不乱，没有搞两套，而是搞结合。这一结合就把矛盾处理好了，上下满意，校长工作也主动。

三、校长有三种当法

第一种叫经验式校长，也叫保守校长。他们凭经验办事，过去怎么干，现在还是怎么干。学校本来有它的运转规律，校长确实可以不作大的努力，甚至在一旁看着，学校也可以照常运转：有个课表来保证一天的工作秩序；有学生给老师把关，老师不上课，学生不答应；财务可以直接和教育局联系，拿到经费。你问他们“学校规律是什么”，他们答：说什么规律，跟着领导转就是规律。第二种叫经理式校长，也叫行政校长。他们对领导布置的工作反应最快，马上出经验，开现场会。他们的活动内容完全是行政那一套，开会、听汇报、检查，然后向上级汇报，或者向下级传达。这样的校长，工作积极，也很忙碌，能把学校管理得比较有秩序。可是，怎样才算一所真正的好学校，如何培养合格的人才，怎样抓教学工作，这些问题他们就很难回答。这样的校长还不是教育家。第三种是教育家式校长。他们在教育上能创新，能提出新的教育设想，大胆一点说，能提出新的教育体系的设想，再大胆一点说，是教育家。苏联有个苏霍姆林斯基，当了二十多年校长，成了世界有名的教育家；美国有个布鲁纳，他是搞教育的，也是教育家。我们为什么不能成为教育家？我们在学校工作，是教育的直接实践者，只要善于总结，把实践经验上升到理论，然后把理论建构成体系，再进行实践，取得成果，就能形成一套自己的看法。这种教育家式校长，有进取精神、钻研精神，是进攻型的。我们学校在粉碎“四人帮”后恢复得很快，是因为几个校长都是进攻型的。当时，全校教师达到中大专水平的只占38%，学生高考升学率也低，各方面的压力很大。我们经过商量，提出个口号：一中三年基本恢复到“文化大革命”前水平，在全市达到上游水平；八年达到全国一流水平。1978年，我们提出从培养学生能力入手来提高教学质量，到1982年，高考升学率达93.4%；教师经过培养，现在具有大专水平的至少达53%。明确了目标，还要有拼搏精神，校长要一心一意钻研教学，搞教育。

四、校长要四个作用集于一身

（一）领导班子的核心

领导班子的团结是办好学校的关键一环。有的校领导之间是水

火不容，只隔一桌，互不说话，以传字条为媒介；有的校领导之间表面一团和气，实际是各吹各的调。领导不团结，下面准有派性。我们学校工作有成绩，最根本的一条就是团结。我们讲八个字：团结、干劲、得法、落实。所以下面也没有派性，只有一个方向。我们有个副校长来一中时间不长，他体会，这个学校是拳头，他原来在的学校是指头。校长一定要做好团结工作，要成为全校团结的核心。

（二）教师的表率

校长和教师的关系，是领导与被领导、指导与被指导、上级与下级的关系。但我觉得校长应该有清醒的认识：校长是教师队伍的排头兵，这个队伍怎样带，步伐快慢、步子大小，都由排头兵决定。校长用行政命令，没有多大力量，教师不会买你的账，要凭校长的威信。威信怎么来？来自表率作用：你要求教师做到的，自己首先做到；没有要求教师做的，你也去做。

（三）校风的风源

一个学校的校风非常重要。好的校风，是推动工作的强大力量；不好的校风，是瓦解队伍的腐蚀剂。校风是校长思想作风的表现，有什么样的校长，就有什么样的校风。我校艰苦朴素的校风正在恢复，学生穿布衣、布鞋，理短头发，这都和我衣着朴素有关。

（四）学生的家长、监护人

校长要对学生的全面发展负责，不能以损害学生的健康为代价去夺取什么第一，来获得自己的荣誉。校长要像爱护自己的孩子一样爱护学生，帮助他们抵御坏思想的侵袭，对那些有各种创伤的学生，更要倍加爱护。要做好这一工作，校长要自觉地深入学生、观察学生，对学生的各种表现、各种变化作详细调查。有些学生之所以出现较大问题，其中非常重要的原因是教师在教育过程中的失误，校长要是提早了解情况，及时纠正，就可以避免这种情况发生。校长要有教育的良心，对孩子的成长，心里要有责任感，要对得起国家，对得起家长，对得起学生。

这四个作用不可偏废，是学校有可能办好的主观条件。

五、校长要从五个方面进行自我修养

（一）校长之德

这个“德”，就是行为准则。我把校长之德概括为：一是以责任心为核心的政治素质；二是平等待人、公道正派的思想作风；三是有服人之德，知人之明。要调动教职工的积极性，校长的政治素质起着关键的作用。校长为人正派不正派，处事公道不公道，有没有事业心、责任心，能不能与教职工推心置腹，都至关重要。校长要把办教育看成是自己毕生从事的事业，并不断追求事业的成就。我在学校工作三十余年，从未感到学校工作使人厌烦。我是什么事都要干好，干不出成绩或无所作为，心里就很不安。这就是校长的事业心、责任心。有位教师原先有点心灰意冷，看到校长干劲十足，也就把教育当作自己的事业。他说：“在这样的校长领导下，我们有奔头，能启发我们向事业的深度和广度发展。”要培养好学生，就要了解学生，一个学生在某个场合叹了一口气，我马上留意，了解他有什么困难，帮助他解决。看到学生进步，我非常高兴；学生说的写的，我能记得很牢。这就是校长的事业心、责任心。校长对教师、对学生要公道正派，不能怀有成见，要实事求是对待他们。校长公道正派，老师很快就会团结起来，派性很快就消除了。校长有了事业心、责任心，公道正派，就能够团结大家，激

发大家的积极性。大家能拧成一股劲来培养四化需要的人才，这就是校长的服人之德。校长威信的核心，就是服人之德。

（二）校长之才

校长之才就是校长的专业能力，管理学校的能力。管理学校不外乎对人（教师、干部、学生）的管理和对事（政治思想、教学、体育卫生、后勤服务）的管理。在管理过程中，校长有计划，会组织，会调节、检查、反馈、调整，以达到阶段性目标。校长对一项工作熟悉的程度不同，管理水平也就有所差别。所谓科学管理学校，就是掌握学校工作的规律。校长在教学上要有一定的经验，做到不说外行话，不做外行事，能虚心向教师学习，有总结教师教学经验的能力，也就差不多了。校长兼课，如果不受干扰，不影响教学的连续性、系统性，那是最好的。但校长要参加的会议较多，目前很难做到这一点。兼课，不是校长的任务，更不是校长工作的目的，只是校长的一种工作方法，通过教课去认识事物，参加变革。校长首要的才能是管理。管理教师要具备四有：服人之德，知人之明，用人之胆，爱人之心。校长的知人之明，就是能判断一个教师适不适合所在岗位，有没有培养前途。我总结教师具有培养前途的标准有三点：一是具有一定的素质，思维有逻辑，表达很清晰；二是政治品质好；三是有专业知识与教学能力，即有学有术。

（三）校长之学

校长所具备的学识应该达到什么水平？我认为应该熟悉各科教学大纲，掌握知识结构。在听课中能感觉到教师是否抓住了重点，学生是否听懂了，教学进度如何；能鉴定出一个教师的经验是否实在。校长在所有学科中要专一门，达到好教师或一级、二级教师的水平。门门都专，做不到；一门不专，也不行。

（四）校长之识

校长的教育见识，就是有发现问题、分析问题和判断问题的能力。要做到这些，就得有敏锐性，注重经验积累。教师叙述一件事，校长从叙述中可以判断，这件事是学生的问题还是教师在教育过程中产生的问题。校长要了解教育界动态，不断接触新的教育理论，增长自己的见识，然后分析总结经验。

（五）校长之风

校长之风，即校长的思想作风和工作作风。校长有了学识、才能，如果思想作风、工作作风有问题，他仍然不能把自己的愿望、理想变成现实。一件事情的判断、处理是否公道正派，要以调查研究为基础，要靠深入实际的工作作风。

德、才、学、识、风兼备，校长在工作实践中贯彻党的教育方针也就有了保证；他在两种身份（两重性）下，取得工作主动权也就有了保证；他就会不满足于当保守校长或行政校长，而是要真正进行创造，当教育家式校长；他这四个作用都能起到，办好学校也就有了保证。我前一部分讲的可以称之为校长的地位、作用、任务，后一部分讲的就是为了保证地位、作用和任务，校长需要进行的自我修养。

发表于《宁夏教育》1983年第10期

“三个面向”对中学校长提出的素质要求

中学教育，实现面向现代化，面向世界，面向未来，首先要求校长要按照“三个面向”的要求，提高自身素质。当前，主要是抓好下述三点。

一、深入领会“三个面向”的精神，提升办学思想境界，端正办学思想

邓小平同志“三个面向”指示，以精辟的语言，言简意赅地表达了极其丰富、极其深刻的内容。我们需要反复学习，深入领会，首先从总体上、从完整的含义上去领会它的精神，得其要领。

经过初步学习，我体会“三个面向”包含的主要思想内容是：从实现四化总目标出发，根据马克思列宁主义基本原理，从教育与经济、政治和社会发展的关系上，总结国内、国际教育的实践和认识成果，揭示其规律及发展趋势，把握教育与经济、政治的关系，本国与外国、当前和未来的关系，从而明确指出我国教育在四化建设中的地位和作用。这样就给我们明确具体地揭示了新的历史时期人民的教育事业的具体路线与党的总路线的关系，从而发展了马克

思列宁主义、毛泽东思想关于文化教育与政治经济关系的基本观点。“三个面向”体现了高瞻远瞩的革命气概，激励我们从实现四化总目标高度，把握新的技术革命时机，抓住当前发展生产力的关键和基础环节，迎头赶超世界先进水平。它指示我们学校教育工作者，要胸怀大志，从学校的局部天地里走出来，从国家的全局考虑问题，立足中国，面向世界，放眼未来，从四化建设这个整体上，从教育与政治经济关系的宏观层面来确立我们办学的指导思想，提升我们办学的思想境界。自觉遵循教育必须适应经济建设和社会发展的需要这个规律，办好学校。

把这种认识转化为我们的教育思想信念，真正把办学指导思想统一到“三个面向”指示上来，我们还需要在“三个面向”总体思想指导下，深入理解和把握其具体含义和要求。为此，需要进行四个联系，明确四个认识。

（一）联系马克思列宁主义、毛泽东思想关于文化教育与政治经济关系的基本理论，学习“三个面向”是怎样在新的历史时期，确定教育与政治经济的关系，明确认识“三个面向”发展了马克思列宁主义、毛泽东思想关于教育与政治经济关系的基本理论

马克思列宁主义、毛泽东思想关于教育与政治经济关系的基本观点，是教育要反映和适应政治经济发展的需要。邓小平同志“三个面向”指示，在新的历史时期，结合我国四化建设的总路线和对外开放政策，给我们明确了教育适应当前我国政治经济发展需要的具体方向和要求，是教育工作的具体路线怎样与四化建设总路线联系起来的指针。从这个高度来认识学校贯彻“三个面向”的重大意义，我们就会真正认识到，按照“三个面向”指示办学，实质上就是要求把学校教育纳入为四化总路线服务的轨道上来。这样就会树立起贯彻“三个面向”的坚定信念，对“三个面向”是否适用于所

有学校的疑问，也就迎刃而解了。当然各个学校的基础和发展阶段有所不同，贯彻“三个面向”，应从学校实际出发，确定不同的起步点。

（二）联系邓小平同志关于教育工作的一系列指示，学习“三个面向”的具体含义和相互关系，明确认识“三个面向”的统一性、整体性

“三个面向”是一个整体，基础是面向现代化。对学校教育来说，它的统一性、整体性体现在人才培养的指导思想和要求上。邓小平同志在关于教育工作的一系列指示中，强调指出教育要培养四化建设所需要的人才。他强调，“我们要实现现代化，关键是科技要能上去。发展科学技术不抓教育不行”（《尊重知识，尊重人才》），“我们要在科学技术上赶超世界先进水平”（《在全国教育工作会议上的讲话》）。这就明确指示我们教育工作适应四化建设需要，根本的是培养适应四化需要的人才，从四化建设需要出发，培养人才就必须面向现代化、面向世界、面向未来，只有这样，才能使受教育者的德智体全面发展，达到符合时代需要的水平，他们的思想作风、专业知识能力，才能适应四化需要，适应对外开放需要，适应世界经济竞争、科技发展需要，才能迎接新的技术革命挑战。这还不够，教育培养的是未来的建设者，要具有前瞻性，只有这样，受教育者才能适应未来的建设需要。

只有办学思想达到“三个面向”的高度，我们才能确立评价学校教育质量的标准，才能掌握彻底纠正片面追求升学率错误的思想武器。学校办得好不好，质量是高是低，评价的标准应是它培养出的人才能否适应四化需要，能否对社会作出贡献。片面追求升学率的错误，在于它仅仅面向升学，办学培养学生完全是为了适应升学考试，不考虑社会效益，不考虑学生的全面发展，忘记了教育服务的根本对象，偏离了大方向。

（三）联系世界科技发展趋势和新的技术革命的挑战，学习“三个面向”的战略意义，明确认识教育改革的紧迫性

随着世界科学技术的发展，我们面临的新的技术革命的挑战，说到底是对人才的挑战、智力的挑战，也就是对教育的挑战。“三个面向”就是抓住这个关键问题提出的根本对策。学校教育能不能跟上“三个面向”的要求，决定它能不能在我国面对新的技术革命这个机遇和挑战，赶超世界先进水平的过程中，发挥自己的作用，实现自己的服务职能。只有认识到这一点，我们才会有教育改革的紧迫感，改革才能有内在的动力，才能积极认真地去使学校实现“三个面向”。

（四）联系我们教改进程中的问题和思想实际，学习“三个面向”的针对性，明确认识实现“三个面向”的障碍所在

“三个面向”是邓小平同志关于教育工作的一系列指示和一贯思想的概括表述。邓小平同志重新主持中央工作后，实际上就朝着“三个面向”的要求对教育工作作出一系列指示。可以说，粉碎“四人帮”以来，特别是党的十一届三中全会以来，学校教育发展的大趋势，便是通过改革，落实邓小平同志的指示，实现“三个面向”。在过去几年，教改过程中遇到的主要障碍是什么呢？我体会，在思想方面存在错误认识。主要表现为教育脱离四化建设需要的实际，就教育论教育，因循守旧，故步自封，闭关自守等。这实际上是不承认教育在四化建设中的战略地位和基础作用。这些错误认识的根源，是没有从政治经济和社会发展与教育的关系这个宏观角度来看教育，把握教育在四化建设中的地位和作用。这种认识至今还妨碍我们去正确理解和贯彻“三个面向”。例如，把教育面向现代化仅仅看作是面向现代化教育，因而盲目追求学校设备、教学手段的现代化；把面向世界理解为面向世界教育，因而仅着眼于模

仿和照抄外国教育模式、教法等。这种错误认识，会使我们在实现“三个面向”的过程中不是立足本国、放眼世界、建立具有我国特色的社会主义学校教育体系，因而不可能有创造性的教育改革，也就不可能有教改的正确指导思想。

二、准确把握“三个面向”对学校教育提出的要求，提高教育改革的自觉性

“三个面向”指示，是邓小平同志以给景山学校题词的方式，对全国教育事业发展指出的战略方向，对教育改革提出的指导方针。它适用于整个教育事业，适用于各级各类学校。具体来说，整个教育事业、学校教育、学校教育中各级各类学校，都要根据各自在教育这个大系统中的地位和作用，根据自己的特点和职能，从实际出发，来把握“三个面向”提出的要求，作出自己的部署和计划。

对于一个没有试验某些特定改革任务的学校来说，我认为应抓住培养人才的规格和水平这个根本问题，来理解和把握“三个面向”对学校教育提出的要求，从这里起步，通过改革，实现学校教育“三个面向”。

“三个面向”对学校教育提出的要求，可以概括为要求学校培养的人才规格要达到时代要求的水平。党的教育方针给我们提出的培养人才的规格是德智体全面发展。“三个面向”要求我们，根据政治经济和社会发展的需要，不断提高培养对象的德智体发展水平，达到人才德智体发展水平的现代化。

人才培养的规格标准发生变化，我们培养人才的教育教学工程也就相应要改变。这是学校教育改革的根据，也是学校教育改什么、怎么改的出发点和归宿。只有把握住人才培养规格要求这个根

本，我们才能在改革中贯彻从实际出发，理论联系实际的原则，才能做到立足本国，借鉴外国，走自己的道路，教育改革才有自觉性。

那么，“三个面向”向学校教育提出的培养人才的规格、水平是什么呢？什么是德智体全面发展的，有理想、讲道德、有文化、守纪律的现代化人才呢？经过研究，比较公认的要达到的要求是：能自觉坚持四项基本原则，基础扎实，知识面广，自学能力强，能了解学科知识的生长点，头脑灵活，有创新精神和创造能力，体魄健全，有对时代潮流的敏感，有自觉的历史使命感的马克思主义者。完成培养这样的人才的任务，要靠从幼儿教育到大学教育的整个教育系统，而中学则是打基础、做成坯子的重要阶段。

要实现这个目的，中学教育方面必须满足几点要求：教学体系必须是开放型的、多元化的，即它不但有保障实施基础教育计划的稳定的课堂教学系统，以保证学生掌握“双基”，受到各种学习方法的训练、学习作风和学习能力的培养，而且有能和社会沟通、和形势发展息息相关、接受学科发展信息、吸收知识新成果的窗口和渠道，让学生通过接触社会和广泛阅读，增强对新知识、新信息的吸收和运用的灵活的非课堂教学系统；它不但有能为各类人才的成长打下必要的坚实基础的必修课程，而且有能体现因材施教原则、满足个人特长发展需要的选修课程；它不但要实现中学基础教育的双重任务，而且肩负发现和培养特殊人才并使之早成的任务；它不但具有能以最快速度让学生掌握人类认识成果的能力，而且具有不断进行自我更新、自我完善的能力，等等。目前存在的单一的、固化的、封闭的课堂教学体系必须改革。

教学方法在教的方面，那种在传统教学论指导下形成的“授受注入型”的教学，必须加以改造，使之成为教师主导、学生主体相结合的导学型教学；在学的方面，那种记忆模仿型的学习方法，必须改为理解研讨型的学习方法。

思想政治教育、共产主义道德品质培养的教育，有必要结合青少年发展的时代特点加以改革，使之成为教育者为主导、受教育者为认识主体，两方面结合的体系。这个体系的基本要点是：在共产主义思想体系指导下，坚持疏导方针，坚持理论联系实际原则，坚持政治课教学和学生自我教育实践相结合的方式，将概念化、说教注入型的教育，改造为理论指导下实践认识型的教育。

体育必须从学校一课地位升级为一育地位，必须从“体育课＋体育课外活动＝体育”的狭隘认识，转变为直接实施体育教育的系统与学校其他教育教学活动系统相结合，体育课与群体活动相结合，增强体质与培养发展竞技能力相结合，普及与提高相结合，骨干与群众相结合，形成网状的学校体育体系。

围绕教育教学改革，改革学校管理，使之成为保证、促进教育教学改革的组织和制度保障。

学校教育是个整体，必须在改革中实现三个同步，即教育与教学改革同步，教的改革与学的改革同步，教学教育改革与管理改革同步。这样，学校就能经过系统、全面的改革，形成一个良好的教育环境，从各个方面，保证和促进学生在德智体几方面生动活泼地主动地发展，并朝着适应政治经济发展的需要、两个文明建设的需要的方向而不断提高全面发展的水平。

三、逐步实现八个转变，提高实现“三个面向”的能力

校长领导学校实现“三个面向”，仅认识到实现“三个面向”的必要性和重要性，了解它对学校教育改革的要求是不够的，他还要具备领导学校教育实现“三个面向”的能力。为此需要实现八个转变。

（一）指导办学思想的教育理论基础，必须由传统的教育理论转变为现代化的教育理论

当前对学校的职能、任务以及对教育的属性等，实际上存在传统的和现代化的两种不同认识。我们需要在“三个面向”指导下，总结实践经验，进行再认识，更新指导我们办学思想的教育理论基础，使我们的办学指导思想现代化，否则打不开实现“三个面向”的思路。

（二）校长素质要求标准由一般行政干部模式转变为教育家模式

教育理论和实践都说明，校长能够领导和管理好学校，主要是靠以马列主义、毛泽东思想为指导的教育理论和管理理论修养，运用教育规律、发挥管理才能。单纯用行政方法领导学校的做法，屡经证明是不成功的。特别是现代学校管理理论一再论证，有什么样的校长，便有什么样的学校。校长必须是在教师、学生中享有很高的威信，能成为教育楷模的人。因此，校长自我修养的标准，应该是以教育家为模式。

（三）教育思想由传统的转变为现代化的

教改实践证明，没有教育思想的转变，特别是校长教育思想的转变，就谈不到真正的教学改革。例如，我们改革传统的教学体系和教学方法，使之从授受注入型转变为教师主导、学生主体结合的导学型，就必须以教学观、学生观、智育观、质量观的转变为前提。只有承认了学生是学习的主体，教师才能够真正重视学生在教学过程中的态度、地位和作用，才会通过自己的主导作用，启发引导学生主动学，指导学生运用自己的智慧去获得知识和技能。这才是真正的启发式教学。校长必须有现代教育理论的指导，才能提出

教改任务，指导教改进程。

（四）领导方式由经验型转变为科学型

现代教学论、教育论都强调施教过程中的心理学根据。心理学、脑生理学的进展，给我们提供了学生心理、脑神经活动的规律，使教育教学过程科学性越来越被人熟识并掌握。学校管理学，也向我们揭示学校管理过程的科学依据。这些情况告诉我们，不管是教育教学还是学校管理，特别是教育改革，都需要在科学教育理论指导下运用科研的方法去进行。校长提出教育改革、管理改革，以及对日常教育工作的指导，都需要在科学理论指导下，从理论与实践的结合上加以研究，掌握必要数据，进行一定的试验。因此，校长对学校的领导必须是科研型的，他的领导方式，需要从经验型转变为科学型，领导决策应该是科研先行，有科学程序。

（五）管理学校由经验管理转变为科学管理

校长管理学校的思想、理论、方法都应现代化、科学化。校长要学习和掌握控制论、系统论、信息论的基本原理和方法，运用科学的管理手段，做到充分利用反馈信息、工作情况的数据指导教育教学和管理过程。根据需要和可能将学校各方面的工作定量化、标准化，运用科学的方法和手段，把领导意图和工作效果统一起来，实现对学校的有效管理。这一点已成为教育现代化发展的大趋势。对此校长要有所认识，逐步从经验管理转到科学管理。

（六）知识结构由单一陈旧型转变为现代化综合型

学校实现“三个面向”，校长、教师的知识结构更新已经成为最紧迫的任务。如果知识结构没有更新，校长就会逐步丧失教学和教学领导能力，也不可能了解学生在知识结构方面的需要，就更不可能站在前面领导实现培养现代化人才的任务。

（七）办学态度由守成、因循转变为开拓、创新、进取

长期以来的学校教育管理模式，造成学校是教育局的派出所，校长是派出所所长，学校工作，大至工作计划，小至购置一件物品都得听领导的意见，凭领导指示办事，事事等、靠、要的因循局面。久而久之，形成一个学校有没有校长也一样运转的思想，有些校长甚至认为办学的规律，就是跟着领导转。这种工作局面和思想必须转变。校长要有一校之长的意识，要有敢于以自己学校的不断创新、以全体学生的全面发展向党和国家负责的气概，把领导的意图和自己学校的实际结合起来，用自己的教育思想、工作规划和计划，领导学校向党的教育方针指引的方向，朝着“三个面向”的要求不断创新，不断进取，不断开创新局面。只有这样，才能跟上形势发展，把自己的工作推向时代水平。这才符合“三个面向”的要求。

（八）转变循传统教育思想、办学方式形成的工作作风，建设适应“三个面向”要求，适应学校现代化需要的工作作风

长期以来，校长缺乏主动权，习惯用行政手段在学校贯彻领导意图，完成上级布置的任务，形成了一套工作作风。作风是完成任务，达到工作目标的保证。校长领导学校实现“三个面向”，必须转变工作作风，做到民主、科学、扎实、果断、创新。校长具有这样的作风素质，才能保证学校实现“三个面向”。

总之，学校要实现“三个面向”，首先校长要全面提高自己的素质。近一年来，我在率领全校师生贯彻“三个面向”指示、开展教育改革实践中，获得上述三点体会，与大家分享。

写作于1984年10月

四、师资培养

本部分收录了《中学教师成长的特点和中学教师队伍的建设》《培养教育家型教师》《答一中老师和校友问》三篇文章。这一部分聚焦教师成长和教师队伍建设，韦力同志提出了很多前瞻性的主张。

在《中学教师成长的特点和中学教师队伍的建设》中，韦力同志提出教师队伍建设是与学校共始终的一项基础性的战略任务，教师队伍建设既要遵循教师个体成长特点及其规律，也要关注教师集体的形成及其规律。《培养教育家型教师》提出，教师终身教育培养目标的定位是教育家型教师。所谓教育家型教师，根本特性是有教育思想与教育理想，不仅具备以“三热爱”“四心”“四不倒”为具体表现的师德师风，而且拥有上乘的教学水平。在《答一中老师和校友问》中，韦力同志强调了一中教师的教育精神，即“四心”“四不倒”精神，这是教育家型教师特有精神的行为表现。

新时代的教师应以教育家为榜样，大力弘扬教育家精神，牢记为党育人、为国育才的初心使命，树立“躬耕教坛、强国有我”的志向和抱负，提升教书育人能力，做教育家型教师，落实立德树人的根本任务，正己修德，谨研善教，乐教爱生，爱护每一个学生；勤学精思，上好每一节课；启智润心，因材施教，启发学生的学习兴趣，发展学生的创新思维。

大力弘扬教育家精神，建设高素质专业化创新型的教师队伍，是推进教育高质量发展的基础性工程。韦力同志的探索给这一工程提供了一套具有实操性的具体方案——加强思想、作风建设，激励教师勤奋学习，增强业务能力，培养教师威信，建立尊师爱生的良好师生关系，让教师发自内心地形成对自己职业的认同感、自豪感和责任感。我们相信，这一注重内驱力的方案，对于教师队伍建设是具有较强参考性和推广价值的，能够助益加快建设教育强国、实现中华民族伟大复兴。

中学教师成长的特点和中学教师队伍的建设

今天发言的题目，是中学教师成长的特点和中学教师队伍的建设。主要从四方面谈谈学校内部怎么抓教师队伍建设的问题。

教师队伍建设的重要意义，已被大家公认，不少文章从理论上作过充分的阐述，从经验上做了印证。现在需要的是把理论和认识转化为工作的指导思想，变成全面地、系统地抓教师队伍建设的实践，并建立相应的工作体制。从这一点想到，现在我校抓教师队伍建设，应该形成一个系统，应有一个体制。仅仅从对教师的要求、提高教师的业务水平角度出发，提出教师需要具备的条件和水平，从而制订教师队伍建设的计划，是达不到建立工作体制的要求的。我们需要的是：总结教师的成长经验，找出规律，用之于实践。我发言的目的，是谈谈我在学校抓这项工作的经验体会。这是抛砖引玉。希望大家集思广益，把分散的、零星的经验化为集中的、系统的经验，把感性认识上升为理性认识，从而使我们有个明确的指导思想，并能在校内建立起系统地抓教师队伍建设的工作体制，提高抓这项工作的自觉性和实效性。

一、教师队伍建设在学校工作中的地位及其目的要求

我们都知道，只有建设和依靠一支又红又专的教师队伍，才能办好社会主义学校。这是学校教育工作的一条客观规律。如何应用这条规律指导办学实践？我认为，首先需要从思想上真正重视，并从指导思想上明确以下几个问题：①抓教师队伍建设的含义、目的和要求是什么？②教师队伍建设任务的内容，是面向全体教师还是部分教师，是长期的任务还是短期的任务？③教师队伍建设的成果怎样转化为贯彻党的教育方针、提高教育质量，即转化为提高教育质量的能力和效果？④教师队伍建设应摆在什么位置，是学校领导的任务还是某个职能组的任务？要不要有一个工作体制来保证教师队伍建设工作经常化、持久化？

我看过一些这方面的文章，听过一些经验介绍，感觉有些同志把教师队伍建设仅仅看作是提高教师业务水平，具体说就是帮助教师过教学关，主要是过教材关。这是传统的教学论（即教学是传授知识，教师的任务就是教书）在教师队伍建设问题上的反映。我认为这个认识不够全面，抓教师业务水平的提高，是教师队伍建设的一项重要内容，但并不是全部内容。如果把教师队伍建设仅仅看作是过教材关，并用这个认识去指导工作，就不可能达到建设一支水平不断提高、又红又专的教师队伍的要求，对这项工作的目的、要求、摆位和抓法也提不到应有的高度。

总结多年办学的经验，我认为教师队伍建设任务，概括来说应该是全员、全面、全程的建设任务，是面向全体教师的，包括教师的思想、作风、业务知识和能力等方面，并且是经常性的、持久性的，可以说是与学校共始终的一项基础性的战略任务。它总的要求是不断提高教师的思想政治水平、业务知识水平和教育教学能力，以适应不断增长着的社会主义政治、经济、文化建设要求，特别是精神文明建设对学校教育提出的要求，促使教师做到把社会的要求转化为学生全面发展的愿望和实际行动，不断提高教育教学质量。可见，它既是学校的基础性工作，又是实现当前教育教学任务的根本途径和措施。抓学校建设，抓教育质量，说到底是一个抓教师队伍建设的问题。

我认为，教师队伍建设是指以提高教师个体的政治、业务水平为基础，去建设一个又红又专的教师集体，并不断提高这个集体的水平。教师集体水平的形成和提高，又是教师个体水平提高的有力保证。

下面讲讲我这个认识的理论和经验根据。

毛主席说过："一个军事学校，最重要的问题，是选择校长教员和规定教育方针。"（《中国革命战争的战略问题》）可见选择校长教员是办好学校的根本条件。列宁曾经非常深刻地指出教师在教育的政治方向中的决定作用。他说："在任何学校里，最重要的是课程的思想政治方向。这个方向由什么来决定呢？完全而且只能由教学人员来决定。同志们，你们非常明白，任何'监督'、任何'领导'、任何'教学大纲'、'章程'等等，这一切对教学人员来说都是空谈。任何监督、任何教学大纲等等，绝对不能改变由教学人员所决定的课程的方向。……学校的真正的性质和方向不是由地方组织的良好愿望决定，不由学生'委员会'的决议决定，也不由'教学大纲'等等决定的，而是由教学人员决定的。"（《致卡普里学校学员们》）列宁把教师的作用提到决定办学的政治方向的高度。我们办教育的政治方向，就是教育方针指示的教育要为无产阶级政治服务，与生产劳动相结合，使受教育者在德智体方面得到全面发展。这条方针向我们揭示的意义，是要求学校教育质量要随着社会主义建设形势的发展而不断提高。实现这个要求，就必须不断提高教师队伍的水平。我们常用"水涨船高"来形容教师与教学质

量的关系。我们还应该看到“水涨船高”的另一层意思，即随着社会主义建设发展水平的高涨，它对教育质量这艘船的要求也在相应提高。这里是不是有这么一种辩证关系：社会主义建设不断发展，向教育提出了更高的质量要求，教师需要不断地提高自己的水平去适应发展着的社会主义政治、经济的要求；教师水平的不断提高，促进推动学校教育质量的提高，这个矛盾运动不结束，教师队伍建设就没有止境。所以说教师队伍的建设，是面向全体教师的、全面的、全程的、长期的战略任务。

从实际工作来看，教师队伍的建设既是学校基础工作的核心，又是学校提高教育教学质量，实现教育教学任务的根本途径和措施。通过多年来学校教育工作的实践，我体会到学校最根本的基础工作包括两方面：一方面是教师队伍的建设，另一方面是学校良好校风的培育。校风的培育又主要由教师的精神面貌和工作面貌所决定。抓住教师队伍建设，就抓到了办学的基础工作，教师在教育教学工作中实际上起着主导作用。因此，学校教育教学任务的落实，必须通过提高教师的自觉性和业务能力来实现。近几年，我们在抓学校教育的整顿、改革、提高工作的过程中，更明显地看出，学校工作的进展主要反映出抓教师队伍建设的情况和成果。学科教师的教学水平决定着学科的教育教学质量，班主任的工作水平决定着一个班集体的精神面貌。当前一个突出的情况是：工作能力很强的学生干部，如果没有班主任支持他，是很难做好工作的。

教师队伍建设的情况和成果，决定着学校教育质量的情况和成果。这种关系的实现不是自发的，不能说教师水平提高了，教育质量就必然得到相应的提高。这两方面统一起来是有条件的：一是领导抓教师队伍建设的指导思想和抓教师队伍建设的工作体制，与教师成长的客观过程相适应；二是教师进修提高的指导思想和内容，与教育要求相适应。因此，我们抓教师队伍建设需要认真研究教师成长、教师队伍建设的客观规律，研究怎样把教师水平的提高、教师队伍建设的成果转化为教育教学的本领，并运用这个客观规律指导我们的实践。

二、当前新的历史时期，学校贯彻执行党的知识分子政策需要解决的问题

教师队伍建设的首要问题，是教师适应教育教学要求，提高自己业务知识和业务能力的自觉性。这是推动教师队伍建设的根本动力。教师队伍建设想要有成效，首先要解决动力问题。我们看到有些同志进修的积极性很高，但进修的目的是取得学历，而不是适应教育教学的要求。要解决这个问题，就需要研究教师的新特点，贯彻党的知识分子政策，只有这样才能够切实地调动教师的积极性。可以说，教师队伍建设说到底是一个正确贯彻党的知识分子政策问题。怎样正确贯彻党的知识分子政策，提高教师队伍贯彻党的教育方针的自觉性，提高思想、业务水平，从而正确地、全面地、保质保量地完成党对学校提出的教育要求呢？我认为学校的党支部要体现领导作用。学校党支部的领导作用从根本上说，就是积极贯彻党的知识分子政策，组织一支又红又专的教师队伍去贯彻党的教育方针，保证培养德智体全面发展的革命接班人这项任务的落实。这是支部在学校体现领导作用最根本的一条。

当前，学校贯彻知识分子政策，有些什么问题要解决？我认为：一方面，是学校领导干部要转变思想和工作作风，认真研究知识分子的新特点和新问题；另一方面，要主动、积极地采取相应措施去贯彻党的知识分子政策。

（一）认识知识分子的阶级属性

怎样认识知识分子的阶级属性，这是研究教师新特点的根本，

也是领导对知识分子的态度、处理与知识分子的关系、解决知识分子中各种问题的思想基础。粉碎“四人帮”以来，特别是党的十一届三中全会以来，党中央对知识分子问题，从思想理论和政策的贯彻执行上进行了有力的拨乱反正。作出的很多重要指示，完全符合实际，深得人心，极大地调动了知识分子的积极性。我们的思想要跟上党中央，要正确理解和贯彻执行党中央的一系列指示。目前，我们要通过思想上、工作上的总结和贯彻知识分子政策工作中的经验、教训，从思想上认识和肃清“左”的影响，把思想行动统一到党中央的政策精神上来。

在全国科技大会上，邓小平代表党中央宣布，知识分子是工人阶级一部分。我体会，要把思想统一到这个认识水平上来，克服“左”的影响，起码要完成三个转变。

1.贯彻知识分子政策的思想基础需要转变

受过去长时期的“左”的影响，我们一直把知识分子看成是资产阶级知识分子。既然是资产阶级知识分子，本质上就是社会主义的异己力量，顶多是个同盟军。因此，自觉或不自觉地认为，我们与知识分子的关系是无产阶级与资产阶级的关系，头脑中有一条阶级界线。对知识分子的认识，处理和他们的关系，总要守住这条界线，生怕“越位”“出线”，犯立场错误。这种思想认识，自然地导致我们领导和知识分子间在思想感情上存在隔阂，做不到推心置腹、肝胆相照、荣辱与共。在这个思想基础上，根本不可能设想建立一支又红又专的教师队伍。

当前，历史和现实的经验以及教师表现出的特点都证明，党中央把知识分子看作是工人阶级的一部分是符合实际的。我们应该转到这个思想认识上来，自觉消除对教师在思想、感情上的隔阂，真正把知识分子看作是自己人，是革命队伍中的一部分，是革命的依靠力量。只有这样，对他们才能有一种革命的真实感情，不见外，不歧视，和对待革命同志一样，在政治上一视同仁。

2.我们与知识分子的关系要来一个根本性转变

要把过去那种两个阶级之间的关系，转变为坚持四项基本原则基础上的革命同志的共事关系。消除对知识分子的偏见，自觉消除“左”的影响，做到思想上积极帮助，工作上放手使用，生活上关心照顾。

3.对待知识分子的工作方式、工作作风需要转变

领导和知识分子相处，做他们的思想工作时要相信他们有做好革命工作的愿望，有维护革命利益的立场。因此，要用同志式的态度、同志间处理问题的方式，通过彼此交心、谈心、互相帮助，共同提高的办法去统一思想认识。要把教师和领导的思想统一到搞好党的事业上来，统一到党的政策上来。改变改造与被改造的关系，以及在这种关系支配下的种种错误做法，使知识分子感到同志的温暖。

（二）采取相应措施贯彻党的知识分子政策

学校贯彻知识分子政策，除要求在思想作风上完成转变外，还应该采取一些措施。比如在人事安排上，体现学用相当、职务与能力相当；在工作评定上，奖励表扬与工作成绩相当，报酬与贡献相当。真正做到一视同仁，把政治上一视同仁、工作上放手使用、生活上关心照顾体现在具体措施上。要把过去在“左”的影响下，在人事安排、表扬批评、评优定级等方面存在的那种强调历史和出身、强调政治面目的片面做法纠正过来。正确理解和体现红专标准的具体要求，从而引导教师沿着又红又专的方向提高，促进教师队伍建设向着又红又专方向健康发展。

保障教师必要的生活条件和工作条件，也是贯彻知识分子政策不可忽视的一个重要方面。其中最主要的是保证教师的业务活动有充分的时间，切实做到六分之五的时间用于业务工作。要落实这个要求，工作条件包括必要的教育教学工具书、参考资料、进修提高

的参考书、指导书等；生活条件包括住房及必要生活用品，例如蔬菜、煤等。这方面教师有什么困难，怎样解决，都要提到领导工作的日程上来，让教师感到自己没有后顾之忧。

还有一个重要方面，即教师提高（主要反映在教育教学的实效上）的价值体现，如职称、工资待遇、社会地位等，这是解决教师队伍建设动力问题的关键。但这要靠教育行政部门帮助解决，不是学校所能解决的。我反映这个问题，就是希望领导在一定条件下予以解决。这个问题解决得好，对调动教师的积极性、提高教育教学质量非常有益。

总之，认真贯彻党的知识分子政策，能直接鼓舞和调动教师的积极性，提高他们的思想觉悟和业务能力。此外，学校通过思想政治工作形成团结战斗的气氛和环境，组成一个积极向上的教师集体，对教师水平的提高和营造教师队伍建设的良好局面，也非常重要，是贯彻党的知识分子政策的重要组成部分，绝不能有所忽视。

三、教师个体成长特点及其规律的探讨

教师培训是教师队伍建设的基础。培训的目的是使教师不断提高自身教育教学能力，逐步具备社会主义学校教师的基本条件，以适应社会主义建设发展的要求和需要。教师培训的立足点是教好学生，提高教学质量，并在教育质量上见成效。全体教师不管进校时的学历、文化知识水平如何，都必须在原有基础上加以培训。学习对教师来说，是和教学生涯共始终的，即教到老、学到老；是与教学任务同步前进的，即边教边学，边教边提高。每个教师都应在教中学，学中教。

想要教师培训有成效，就需要我们总结和探讨教师成长的特点及其规律，并用这个规律指导我们的实践。为此，我们需要以党和

国家对中学教师提出的要求为指导，总结研究一个合格教师、好教师的成长规律。

在几十年的学校生活经历中，我亲眼看到了两代教师的成长。看到了一些教师成长的共同特点，体会到他们成长过程中起作用的关键条件。下面，我就优秀教师的行为表现、思想业务基础和成长条件谈些体会。

（一）好教师的行为表现及其思想业务基础

中学好教师的标准是什么？明确了这个问题，培训教师才有明确的指导思想，才知道怎么去有成效地抓好教师的培训工作。

1980年6月，第四次全国师范教育会议对教师提出了三点要求：第一，要有比较渊博的知识；第二，要认真研究掌握教育科学，懂得教育规律；第三，要有高尚的道德品质和崇高的精神境界。这三条是对又红又专条件的具体化，是好教师的标准，是教师队伍建设的经验总结，也是过去和现在的一些优秀教师表现出的共同特点。看一个教师是否具备这些条件不是看他学了多少东西，看了多少书，而是看他在教育实践中的行为表现，要从教师的行为表现上去判断他是否达到这三个要求。我把优秀教师在教育实践中的行为表现，归纳为“四心”“四不倒”。透过他们的“四心”“四不倒”的行为表现，总结出他们思想和业务的一些特点，堆成一个“宝塔诗”。

先讲“四心”“四不倒”。我校教师队伍中那些业务能力比较过硬的骨干教师，他们的特点是拥护党的领导，坚持社会主义道路，忠诚党的教育事业，一心扑在教育教学工作上。他们思想行为上表现出的共同特点是“四心”“四不倒”。

“四心”即事业心、责任心、自尊心、上进心。事业心即把教育作为自己的毕生事业，以教育教学上的成就作为衡量自身价值的标准，去积极追求。在教育实践中饱含热情，一旦离开学生，离开

学校，就会产生空虚感。有的教师描写自己的心情时说："我上课有瘾，上课是一种享受。"责任心：工作兢兢业业，一丝不苟。认真负责地对待一切教育教学任务，对学生全面负责，用自己的热心、耐心、责任心去换取学生学好的信心。绝不允许因为自己工作上的疏忽而给学生造成损失。为了寻找到让学生理解一个原则、掌握一个概念的方法而废寝忘食。对自己的要求很高，讲求教育良心，要求自己"对得起学生，对得起家长，对得起人民，对得起党"。以"经常跟自己过不去"作为对自己的基本要求。自尊心：一定做到言行一致，表里如一，公道正派，对事儿绝不马虎苟且，善于反省自责、慎独。对自己实行严格监督，一事未做好，终日心不安。给学生堂堂师表，望而敬爱之感。重视树立教师威信，正确利用威信去影响学生。上进心：不自满，见贤思齐，见先进就学，有进取精神，自觉地跟上时代，跟上科学发展步伐。像海绵吸水那样，吸收知识。重视总结、积累自己的教育教学经验。绝不简单重复自己的教学内容。备课，堂堂当新课备；工作，年年有新水平。绝不虚度年华，时间就是价值，就是生命。

具有这"四心"，教师就精神振奋，热情饱满，经常处于"最佳竞技状态"。

"四不倒"即难不倒、问不倒、累不倒、气不倒。难不倒：接受教育教学任务，从来不用难字挡驾。在实现教育教学任务过程中，千方百计，克服困难去达到目的。问不倒：学生提出的问题，一定做到有问必答，每答必准。这不是说教师都万能，教师自己会的就认真答，不会的就查阅资料、请教高明者，然后给出圆满答案。有一位校友来看我，聊天中他评价一位教师时，就是以问不倒作为重要的标准，表示对这位教师的崇敬。他说："这位教师对学生提出的问题都能认真答复，自己不懂的就请教别人，大家对他十分尊敬。"累不倒：教师工作累，这是大家都知道的。有些从外单位调到学校工作的同志不习惯，工厂来的同志形容教师工作是早班连中班，机关来的同志形容学校天天是过年，这说明了学校工作的紧张程度。教师教课是才下旧头，又上新头。备课无止境，工作无尽头。轻伤不下火线，带病坚持工作，用照亮别人而燃尽自己的蜡烛形容他们，是很确切的。气不倒：能容忍并正确对待学生的“淘气”“恶作剧”，能自觉地做到学生有问题，要在教师身上找原因，所谓病在学生身上，根在教师方面。对待学生的问题，总是坚持教育态度，绝不和学生一般见识。

教师将“四心”“四不倒”的精神用于教育实践，便能努力钻研业务，讲求教育艺术，对工作精益求精。教学力求堂堂是好课，教育能使“败子回头”。有的同志形容这些教师的教育教学工作成效时，说：“他们有‘起死回生’的本领。”这“四心”“四不倒”精神，是他们树立和发展教师威信的基础，也是形成教育教学能力的基础。正是这“四心”“四不倒”精神，推动他们去不断丰富自己的认识，达到知识渊博的程度；认真总结和积累经验，懂得和掌握教育规律；对待教育事业认真负责，严于律己、重视修养，不断提高自己。很明显，“四心”“四不倒”的思想和作风，是教师高尚的道德品质和崇高精神境界的体现。

这些教师为什么会有这些特点？他们的思想和业务基础是什么？

这样的教师在老中青三代中都有，有大学毕业后分配到中学来教书的，有从其他战线转过来的，也有高中毕业留校的；有新中国成立前当教师的，也有新中国成立后当教师的。从他们成长的情况来看，他们有共同的途径，就是教育教学的实践锻炼，我们叫岗位练兵；有共同的规律，即以教促学，以学辅教，教学相长。他们成长的时间，一般是五六年上轨道，十来年见分晓。但这并不是说，只要有教育教学实践，就必然受教学相长的规律所支配，熬过五六年，自然就能成为一名优秀的教师。教学相长这个规律只有在一定条件下，才能对教师成长起作用。这个条件分两方面，一个是教师的主观方面，一个是学校的客观环境。教师的主观条件就是他的思想基础和业务基础。根据实际体会，我把教师成长的基础条件，总结为一个“宝塔诗”。叫作：

专
劳、谦
红、专、健
学、识、才、严

专就是专业思想。这些教师把教育工作当作自己为之献身的毕生事业，而不是谋生手段。这种专业思想，激发他们对教育工作的兴趣，看到学生就高兴，把学生成长、成才当作自己的幸福。期望学生成才是他们工作的最大愿望。专业思想的基础，有的可能是有爱孩子的性格倾向，但主要是对教育事业的社会地位有较深刻的认识，认为教育是关系到祖国和世界的大事。真正感到，儿童是祖国的花朵，关心下一代，关心少年儿童，就是关心祖国的远大前程，就是关心全世界的远大前程。从这个高度去认识自己的工作，因而能够把自己热爱祖国、热爱社会主义、热爱中国共产党的思想倾注到教育实践工作中去，体现在把孩子培养成有用之才的心愿上。很多教师的这种专业思想是在教育实践中形成和巩固的。形成和巩固的条件，是从工作成果中得到了愉悦和满足，对于教育工作的意义有了情感体验，从认识变成了信念。

劳、谦是讲态度，即勤劳、谦虚的态度。劳、谦是知识分子特别需要的，是教师高尚品质在作风上的表现。古人讲“学而不厌，诲人不倦”，是对教师良好作风的描写，也是对一个好教师的要求。我们学校的好教师都具有这种好作风。他们把教育教学工作过程首先当作学习过程，向同行学、向自己的教育对象学；手勤腿勤，重视积累自己的知识经验。有的教师从教第一课起，就积累自己的教学材料，做卡片、做教学心得笔记，把这些东西看作是珍宝。他们把备课贯穿到自己整个生活中，到处寻找有助于教学的材料。这种勤劳、谦虚的态度是他们获得广博知识的保证。

红、专、健是指这些教师都具有坚定明确的政治方向，具备专业知识和能力，并且一般来说身体都比较健康。这些教师把红、专、健当作做好教育工作所必需的基本素质，这使他们在工作中有很强的适应性。教师没有这个基本素质，“四心”“四不倒”的良好心愿和态度就没有基础，也不能发挥作用。所以这也是适应教育工作要求的基本条件。教师的表率作用，可以表现在许多方面，而把自己作为一个德智体全面发展的红、专、健标准，是最根本的表率。我校的好教师都具有这样的特征，都能比较自觉地重视这个根本的修养。

学是指具有并注重积累广博的社会知识、生活知识。识是指具有并重视锻炼眼力和见识，善于把握教育时机，善于运用教育机制，善于从学生的言行中见思想，判别个性，抓住势头，因势利导。才是指具有并注重锻炼教育教学的才能。教育教学才能主要表现为居高临下处理教材和组织教材的能力；在组织教学和学生学习过程中，善于引导学生思维的组织能力；把思想、知识准确、清楚地传达给学生的表达能力。这三个能力，是构成教学能力的基本要素。不能处理教材，就不能将知识处理得适合学生的认识过程。没有组织和表达能力，就不能通过教师对学生的学习认识活动加以引导和组织，把教师的活动和学生的活动统一起来。缺乏组织能力和表达能力，业务知识不可能转化为实际的教学力量。我们看到，有些教师知识很丰富，但教学效果不好，主要原因是缺乏组织和表达能力。过去根据教学实践，把教师分成四个类型：第一类叫作有学有术；第二类叫作有学无术；第三类叫作有术无学；第四类叫作无学无术。无学无术当然不行；有学无术，学生不欢迎，也不能收到教学效果；有术无学，就那么点儿东西干折腾也不行；所以要有学有术。教育能力，是指教师取得教育效果的本领。我在实践中体会到，这种本领不是一般的方法，主要是以教师的教育见识、良心、

威信、表率作用和用以说服教育学生的道理的真理性为基础，对学生个体和学生集体施加影响，取得效果的本领。教育见识，即能准确把握学生的问题所在；教师良心，指从爱护出发对学生一视同仁的心理状态，其表现是不怀偏见、成见的公正正派的教育动机和态度；威信是建立在教师表率作用和良好师生关系的基础上，使学生能够信服的威望和力量；表率作用，就是教师对学生提出的教育要求的身体力行，保持言行一致。把这些因素结合起来，在对学生进行教育过程中发生实效的程度，就是能力大小的标志。所以教育能力不只是一个方法问题，还要以教师用以说服学生的道理的真理性为基础，真理性即用于教育学生的思想观点和道理，是符合客观实际的，是与学生的认识和体验相符合的。严指严格教风，严格的教育教学作风。严师出高徒，这是个规律。所谓严，不是厉害。首先，教师对自己的要求是严格的，事事处处以身作则。其次，在教育教学过程中，从学生的实际出发，坚持高标准，严要求，说到做到，在落实上下功夫。不落实，不撒手，不达要求不罢休。好的老师都是严师，他们对学生关心备至，爱护有加，但在教育教学工作上，在向学生提出的要求上，在落实要求的规格上，都是很严格的。确实体现着“父兄心情，严师办法”。

上述这些，是一个好教师能做到“四心”“四不倒”的思想基础、业务条件和素质条件。不具备这些主观条件的教师，即使教龄很长，也不可能达到一个好教师的水平，顶多是个把教材“咽”进肚子里再“吐”出来的教书先生。

教师具备这些主观条件，专心致志于教育教学实践，也不等于做到了以教促学、以学辅教、教学相长，从而能够自发地成长为一个合格的好教师。以领导条件为核心的学校环境，这个客观条件起着很重要的作用。领导要利用以教促学、以学辅教、教学相长这个规律，去抓教师培训，通过教育教学实践取得两个成果，一是教育教学要求的成果，二是培养教师的成果。学校领导应该运用这个指导思想培养教师，通过一些必要的工作，利用教学相长这条规律及其作用，促使教师在教育教学过程中提高成长。

（二）领导运用教学相长规律，抓教育教学实践，既促进提高教育质量，又激励教师勤奋学习，是增强教师业务能力的必要措施

教师培训有多种途径，如校外系统进修，市区教研室组织的活动，各种讲座，等等。这些培训方式是必要的，但有一定的局限性。校内结合教育教学实践的培训，能够实现全面培训的目标。因此，我认为采取校内为主、教师自学为主、业务为主的三为主方式在校内培训教师，是主要环节，是基本方式。这个培训和教学工作，我认为可以比作一个“系统工程”。教师作为影响源，通过教育教学途径向学生输出教育教学信息；教育质量是教育的反馈信息。领导通过对质量反馈信息的分析，了解教师水平，通过培训手段，促使教师提高。这样循环往复运转起来，以实现从提高教育质量着眼提高教师水平，又从提高教师水平着手去提高教育质量。领导通过对教育教学质量反馈信息的分析，去推动这个循环运动的进程。想要达到这个目的，在抓好思想这个中心环节的基础上，要抓好以下几个主要环节。

1.严格管理

定出明确的质量标准和工作规格，认真检查落实情况，建立以鼓励为主的奖惩制度。工作的质量标准和规格，既是领导对教师提出的质量要求，可以发挥激励教师奋进的作用，又是教师衡量自己工作的尺度，能明确自己的实际水平和所应达到的水平的差距，使教师始终有一个前进目标。工作的标准可分单一性和综合性两种。单一的标准和规格，是党和国家对教育教学的要求，如教学大纲、体育锻炼标准、学生守则等质量标准，可用合格率、达标率来表示。综合的标准和规格，是从学生全面发展质量情况出发，将学生

的三好程度分出档次，提出各档次标准的要求来确定质量标准。工作规格还指教师必要的工作常规和工作程序，通过工作常规和工作程序的要求，扎扎实实、一丝不苟、保质保量地完成任务。领导根据质量标准和工作规格，检查教师工作；通过对检查结果进行分析，向教师输送反馈信息，进行具体帮助，促进教师提高。在领导和教师共同分析中找到差距，使教师明晰自己的思想和业务水平，加强教师进修提高的自觉性。

教师工作质量的评定，必须以奖励为主，让教师看到自己工作成果的具体体现，感受到自己的进步受到领导重视。奖励方式可根据党和国家的政策来定，一定要使教师有成就感，使之感到进修提高和自己工作成就有密切联系，促使其不断前进，不断提高工作质量。

2.注意教师集体的智能结构

这里的集体包括同年级的备课组集体，在同一个班任教的教师集体，一个年级的班主任集体。集体的合理智能结构应该是“全能互补”的。按照全面贯彻教育方针的要求配备教师，有三层含义。第一层含义，是在这个集体里，既有抓思想的能手，也有体育内行，智育方面也有佼佼者，还有能歌善舞者。第二层含义，是从全面的智能要求角度配备，在思想作风方面有精细的，也有深沉的；有善于打开局面的活跃人物，也有善于抓细致落实的老练实干家；有长于理论分析的，也有长于实验操作的。第三层含义，是指年龄、教龄、教学经验，即所谓老中青搭配。按这个要求组建集体，一方面可以保证工作抓得全面，另一方面教师之间可取长补短，互相学习，共同提高。这样的集体既是工作战斗的集体，又是培训教师的基层单位。领导通过工作，在集体中树立团结向上、相互支持、相互促进的风气，引导大家把工作过程变成以教促学、以学辅教、教学相长的过程。在教育教学实践中，去培养教师。在这个集体里，从组织上保证了充分发挥老教师对新教师、青年教师的传帮带作用。我们通过同头老教师的传帮带，有效地培养出了一批好教师。

3.学校要形成一个好的校风和学风

领导要在学校造就一个人人学习专业知识、提高教学能力，人人重视思想作风修养、提高思想境界的良好局面，使教师在这个环境里，深感不提高就会掉队，有一种压力在，产生进修提高的内在动机。好校风、好学风是好教师成长的土壤。形成这种风气的基本条件，一是领导干部，特别是校长的以身作则，骨干的言传身教。二是对教师思想作风提出明确、具体的要求，抓经验，树典型，大张旗鼓地搞表扬。我们反复宣传好教师应具有“四实”作风，即做人老实、工作扎实、学问严实、作风朴实；提倡见先进就学，见后进就帮，见困难就上，见荣誉就让的好风格；鼓励教师好学、精思。三是有推动的具体措施。领导坚持教育教学质量分析制度，不断分析形势，指出存在的问题，明确前进的方向，激发教师自觉性；备课组同头教师根据领导提出的要求和实际要解决的问题，按老中青次序进行轮流实验，做轮流“推进课”，促使教师人人搞实验，个个努力学习，积极探讨，取长补短，不断提高。

4.培养教师威信，形成尊师爱生的关系

尊师爱生的关系，既是教育的力量，又是巩固和发展教师专业思想、增进热爱教育事业的情感的基本条件之一。教师的工作对象是学生，学生质量是教师工作成果的反映。教师的威信、尊师爱生的师生关系，是教育成效的决定性因素，教育成果是教师工作的最高奖赏，是教师积极性的动力源。教师专业思想的树立、巩固与良好师生关系的形成和教育成果有直接且密切的联系。我们经常听到一些教师在作考卷分析时有这样的感叹：“一番心血，如此成果，真令人灰心！”可见，教育成果对教师在精神上有着重要作用。学生成绩寸寸长，教师情绪节节高。因此，抓教师威信的培养、尊师爱生关系的形成，是巩固和发展教师专业思想、激发教师成长为好

教师的重要一环。做到这一点，首先需要领导的正确教育和态度，尊师风要由领导带头树立，教师正确对待威信的树立要靠领导的教育和帮助，要求教师指导思想明确，步步自觉等。树立教师威信要做的工作很多，主要是抓好新教师的第一堂课，给学生的第一印象；正确处理师生之间的矛盾，要求教师公正正派，对学生一视同仁，反复锤炼教师的爱生心；狠抓言传身教的统一，重视教师的模范作用；最基本的还是要抓好教师教育教学能力和水平的提高。教得好，学生敬佩，对教师有了良好感情、意向，师生之间就有了亲和力。但不是说，教学好就有了一切，就是一切。

5.教师培训提高过程中需要正确处理的几个关系

教师成长过程是一个适应与不适应的矛盾斗争过程，从不适应到适应，又从不适应到再适应，构成教师发展的一种水平。每一种水平都有过教材关、教学关、教育关的问题。这样循环往复，直至教师生活的终止。这个矛盾运动过程，常受以下几个关系影响。

（1）教师基本素质与培养要求的关系

教师这个职业有它的基本要求，要具备一定的素质条件。比如，政治上拥护党、拥护社会主义，这是最基本的。另外，对学生要有感情。见着青少年就头痛腻歪，恨不得踹一脚的人，没有做教师的条件。再就是头脑要清楚，思维要有逻辑性，能清楚地表达自己的想法。头脑不清、迷迷糊糊的人当不了教师。只有具备了基本条件，再给予必要的思想和业务武装，才能发展成为好教师。所以说，素质基础是教师培养的前提条件。

（2）红与专的关系

毫无疑问，我们的教师需要具备的条件是又红又专，我们的培养方向是朝着又红又专前进。正反两方面的经验都告诉我们，培养教师必须红、专两手抓。过去常常不是两手抓，强调政治的时候，把红专关系讲成要政治决定一切；强调业务的时候，讲到专就是红。这是历史的经验和教训。红是专的方向，又是专的保证；专是红的要求，又是红的落实。没有专，不可能成为教师，这是不言而喻的。不红能不能成为教师呢？同样也不能。不红即没有政治头脑，没有正确的政治方向，育人就没有明确目标，就不能教学育人，做不到寓教于学；有教无育不可能成为好教师。有的教师学识才能俱全，终因不安于教师工作，而脱离了教育岗位；有的教师政治素质很高，但专业知识和能力很差，最后因不受学生欢迎，而退出教学舞台。因此，又红又专不仅是选择和培养教师的标准，而且是抓教师培养的两个方面。一个好教师必须是在红专两股道上前进的。

（3）稳定与流动的关系

有的同志为了使教师能系统掌握教材，了解教学段的衔接，熟悉学生，便于因材施教，主张教师跟班走，循环任教。有的同志从积累运用教材的经验和熟悉年级学生的特点出发，主张教师稳定在一个年级。实践启示我们：对教师以先稳定为好，五六年后可循环。稳定后，可从教师实际出发，根据个人特点，有的可定向培养成某个年级的教育专家，有的可培养成某个学科的教学骨干。流动与稳定，要从对象的实际出发，要看对象的具体条件，以扬长避短。稳定有利于教师成长，绝大多数教师偏向于稳定，但也要考虑到长期稳定在一个年级，教一个年级的课程，容易导致教师疲沓，缺乏新的刺激而不思进取。

（4）个人与集体的关系

在教育教学过程中，很多客观因素要求教育工作强调集体性。所谓教育的一致性、影响的一致性，对于教育教学起很重要的影响作用。如对学生要求的统一、教学要求标准的统一、教学进度的统一、质量考核标准的统一等，这些都是要强调的集体性。但统一常常限制教师个人优势的发挥，限制个人才能的发展，甚至助长一般教师对教学骨干的依赖性，有的教师抄别人的教案，先听骨干教师的课，然后自己去重复一遍。这些都不利于激发教师的上进心。从

实践经验看，在统一要求的前提下，强调教师有创见，在实现统一要求的过程中，要求教师发挥主观能动作用，鼓励大家八仙过海各显神通，有利于教师的成长。

（5）进修与教学的关系

教师进修的目的和落脚点是为了教好学生，提高教学质量。对那些还没有掌握自己所教课程教材的教师，首先是掌握教材问题，这在进修术语上叫“救急”；但要掌握教材，教师就必须具备能居高临下的能力，这就要求他掌握本门课程的系统知识，这在进修术语上叫“救穷”。无论是“救急”还是“救穷”，都必须围绕教学要求来抓，把它们纳入教学系统。教学是目的，进修是手段，进修的效果要看教师的教学能力是否提高。那种脱离实践的进修，不管是进修教材，还是进修系统知识，都达不到上述目的。岗位练兵，以教促学，以学辅教，是处理进修与教学关系比较好的办法。当然我们绝不排斥校外的系统进修。

四、教师集体的形成及其规律的探讨

学校是依靠教师集体完成教育教学任务而办好的，而不是靠一两个班级，这是社会主义学校的特点。好的教师集体，不能只靠一两个名牌教师。学生在教师集体的教育和影响下成长，教师个人施教的情况和效果，也受教师集体水平的制约，教育质量是教师集体共同作用的结果。因此，抓教师队伍建设，最根本的是要组织和形成一个坚持四项基本原则，有统一思想、统一目标、统一步调、统一组织、统一领导的又红又专的教师集体。一般来说，具有一定规模的学校，没有形成集体的教师群是不可能形成有效的教育力量的，是无法按照党的教育方针的要求，切实有效地提高质量的。教师集体好不好，是看一所学校是否走上健康发展轨道的重要标志。

要办好学校，就要抓好教师集体的组织和建设工作。我们探讨教师队伍建设问题，就需要探讨教师集体形成的规律，用于指导教师队伍建设的实践。

（一）教师集体形成的标志

看教师集体的形成，看一个教师队伍不是散着的教师群，而是组织起来的集体，主要标志是：①教师在思想和行动上统一到全面贯彻党的教育方针上来，努力提高学生全面发展的质量，有一个共同的工作目标和统一意志。②支部真正成为学校领导的核心，以校长为首的行政系统在工作中切实发挥作用，教师遵循民主集中制原则组织到工作过程中来，朝着统一的目标一致行动，领导意图和工作要求得以贯彻，令行禁止。③有一个围绕党的中心工作和学校任务的舆论中心，能以坚持四项基本原则、积极努力工作作为分辨是非的标准，群众批评、舆论谴责的矛头向错，而不是矛头向上。④有一支能自觉贯彻领导意图，反映群众思想要求，处事公道，为人正派，在教师中有威信的骨干队伍。能把群众带动起来，使各级组织沿着中心工作轨道运转。⑤基本上形成既有民主，又有集中；既有纪律，又有自由；既有统一意志，又有个人心情舒畅的生动活泼的局面。

这样的教师集体一经形成，学校就呈现出朝气蓬勃、努力向上的精神状态和工作面貌，全校各方面的力量真正拧成一股绳，形成一个拳头。校风校貌鼓舞人心，催人奋进。这样的集体的形成，是领导卓有成效地抓思想作风建设、组织建设和业务建设的成果。

（二）抓思想作风建设，把教师思想统一到党的教育方针政策上来，形成教师集体的统一思想和统一工作目标

毛主席指出："掌握思想教育，是团结全党进行伟大政治斗争的中心环节。"（《论联合政府》）学校贯彻教育方针、完成教育教

学工作任务，必须抓好教师的思想政治教育这个中心环节。我们抓教师的思想政治工作，内容是多方面的，根本指导思想是抓教师的思想作风建设，把思想统一到党的方针政策上来。学校政治理论的学习、教育教学思想的研讨、思想意识修养的培养、“五讲四美”活动，都应纳入教师队伍思想建设轨道。明确这一指导思想，就能把思想工作、学习、宣传各项任务结合起来，抓到根本上。

我们学校的教师队伍思想建设，是从三个方面，通过三个渠道来抓，实质上是从三个侧面去提高教师贯彻教育方针、培养革命事业接班人的自觉性和思想境界。

1.政治思想建设

这种学习和政治活动是非常必要的，绝不能削弱。但要明确目的要求是把教师的思想统一到党的方针路线上来，和党同心同德，自觉地把教育教学工作和党的中心任务联系起来，为无产阶级政治服务。这首先体现在育人的质量上，其方式是定期的政治学习。方法可以多样化，可以以学习领会精神为主，学文件、听报告、谈体会；也可以在文件、报告的中心思想指导下，总结自己的思想收获，联系工作和思想实际交流心得体会；还可以相应地开展一些诸如社会调查、参观访问等实践活动。这种学习在六分之一时间里进行，其目的是提高教师的思想境界。

2.教育思想建设

教育思想建设的任务是用教育理论武装教师头脑，提高教师认识和运用教育教学规律于实践，有效地完成教育教学任务的能力。这是能不能成为自觉的、清醒的、有才干的教师的关键。学习要有成效，必须坚持理论联系实际的原则，把教育理论学习和教育实践结合起来，带着教育实践中的问题研究探讨有关理论。用实践推动学习，用学习带动实践。做到这一点，要求领导首先把学习和实践结合起来，用以指导教育教学工作，推动教学改革。

3.思想作风建设

实践证明，教师有了较高的政治觉悟和思想认识水平，有了教育理论武装，具有认识和运用教育规律的能力，还不能保证教育任务的落实和教育质量的提高，还有怎样正确处理个人与集体的关系，用什么样的思想作风去完成任务的问题。这就需要我们抓好教师思想作风的培养和建设，培养教师集体意识和互助精神，使教师在集体中团结圆满地完成教育任务。因此，需要扫除思想障碍。这些障碍主要是“文人相轻”，不容易搞好团结；主观片面，不容易做到从实际出发，使主客观一致起来，影响工作成效；尚清谈，多议论，不善于动手落实，工作不讲成效，作风不踏实；有想法不直接表达，而凭借舆论来实现自己的目的，容易造成歪风邪气等。

对此，我们有针对性地提出“五抓五讲求”，作为经常性的思想工作内容。即：抓舆论，讲求思想领导，树立正气；抓作风，扎扎实实，讲求实效；抓措施，认真实干，讲求教育任务落实；抓团结，以身作则，讲求公正正派；抓思想路线，以实践为检验认识真理性的标准，讲求实事求是。“五抓五讲求”对形成健康统一的舆论起了很好的作用，从思想上推动教师集体的形成，保证领导意图的贯彻落实。

（三）抓班子建设和骨干队伍培养，根据民主集中制原则，把教师组织起来，夯实教师集体的组织基础

教师集体同教师群体的重要区别之一在于教师集体是组织起来的，有一个统一的组织结构，有领导核心，有联系领导与群众的纽带——骨干队伍。因此，教师集体的组织建设，要抓的关键是班子建设和骨干队伍建设。

1.班子建设

班子建设的要求，是有一个合理的智能结构（包括智力、业务能力、性格特点、思想作风等）和必要的威信。领导班子指支委会

和正副校长，合理智能结构是指按照贯彻党的教育方针的要求，德智体各方面都有能手，按照学科教学的要求，文理两方面也都有能手，年龄上老中青结合。我们把具有这些特点的班子结构叫作互补全能结构。

威信是领导班子能不能成为教师集体核心的关键。形成领导威信的基本条件：一是领导的政治思想品质和道德修养，特别是主要领导，应堪称教师表率。二是具有较好的业务知识和组织能力。做到能指挥，能实践，能掌握和运用教育规律，能集中和组织群众智慧。三是有较好的工作作风。深入实际，联系群众，能进行中肯的自我批评，勇于承担责任。四是知人善任。有知人之明，用人之胆，爱人之心，服人之德。

2. 骨干队伍建设

骨干队伍建设首先要选准骨干。骨干教师的基本标准是思想进步，作风正派，在教师中有威信，业务上是本学科本年级业务知识的活字典、教学的能手、质量的把关人、青年教师的老师、领导的参谋。其次是骨干队伍的组织和作用的发挥。骨干队伍的组成是将各级骨干纳入行政教育教学的指挥系统，成为系统中的一个环节。例如我们学校的教学指挥系统就由校长—教导主任—学科组长（骨干）组成，学科组长是一级教学领导。各级骨干参与相关方面工作的分析研究和决策活动。他们通过参加这些活动，理解工作意图，明确指导思想，从而自觉地组织和领导群众完成工作任务，并在工作中锻炼自己的工作能力。通过正确选择成员并使其积极发挥作用而建设起来的骨干队伍，有力地保证教师和领导步调一致，为教师集体的形成提供了重要的组织保证。

（四）抓教育教学基层组织建设，增强教师集体的机体细胞

教育教学工作的基层单位是备课组、班主任年级组和学科组，这些基层组织是教师集体组织的机体细胞，是教师集体的基础。抓

好这方面的工作，教师集体才能巩固。教师集体构成的细胞主要是学科组，或称教研组。抓好学科组的建设，需要从思想、业务、管理三方面入手，叫作三管齐下、“三位一体”抓学科。学科组又是实施教育教学要求的作战单位。它必须是步调一致、有战斗力的小集体，我们要求用八字精神建设学科，即用“团结、干劲、得法、落实”去统一学科全体教师的工作指导思想，组织教师的行动，作为要求教师的标准。学科组长是学科的领导核心，学校领导意图通过其体现和贯彻。学科组长要善于组织和领导群众进行教学研究，推动领导要求的落实。

（五）抓教育工作发展的“生长点”，提出主攻方向，明确前进目标，引导教师不断攀高峰，使教师集体永葆前进活力，在前进中巩固和发展

教师集体的前进活力，来自教师的主动性和持久的、积极的进取精神。只有使教师感到有奔头、受鼓舞的集体，才能激发教师的积极性，使教师对其有向心力，从而使集体得到巩固和发展。因此，领导必须善于把握教育的“生长点”，适时地向教师提出理想前景和当前的工作方向，引导教师不断攀高峰。教师不喜欢没有志气的领导。领导窝囊，教师涣散，这似乎是条规律。

领导怎样去提出学校发展的远景规划和近期奋斗目标？这需要政治敏感，能把握形势现状及发展趋势，理解党的路线、方针、政策；把握政治经济发展对学校提出的要求。同时还要深入实际，清楚地了解学校的主客观情况和师生的思想动向。把这两方面结合起来进行思考，提出规划目标和奋斗方向。

我们在这方面实践体会很多，可以提供一些在最近一个时期的做法。我们学校通过贯彻八字方针进行整顿，初步形成教师集体后，教师和领导都保持积极进取的精神状态。教师集体对教师有较强的吸引力，其中一个主要原因是我们提出了能鼓舞人心的恢复和

发展一中的远景规划和具体奋斗目标。这个规划怎么实行？我们又结合形势，结合当前提出的重点转移的要求，明确重点转移对学校来说，并不意味着把工作重点从政治思想工作转移到教学工作上来，而是把我们的重点转移到为四化服务这个轨道上来，培养实现四个现代化所需要的人才。只有培养出基础扎实、有创造才能、有志气的人，才能适应四化要求。

我校现在的教育工作体系，是不是符合这一要求呢？我们认为有一个问题需要解决好，就是引导教师从旧的教育理论、旧的教育思想中解放出来，把教育过程变为教书育人，培育四化所需的人才的过程，因此我们提出建立一个适应四化需要的教育体系，从旧的教育思想中解放出来，实现思想上的转变。旧的教育理论重视传授知识，而不是培养学生的能力。要达到发展学生智力、提高学生能力的要求，教师就要转变教学思想。如何转变？学校提出具体要求，用这些要求组织教师的智慧和行动，使大家一步一步地去实现这个目标。这样，教师集体就在不断前进中得到巩固，每个教师都能保持积极的精神状态，健康地发展。

以上就是我对教师队伍建设的一些意见，与大家一起探讨怎么抓好教师队伍建设这项工作。希望大家批评指正。

收录于民盟天津市委员会宣传部编：《中学教育研究资料》1982年7月25日

培养教育家型教师

教师培养应是终身制，是贯穿教师生活始终，而且是教师全体、教师素质的全面培养。教师终身教育培养目标的定位是教育家型教师。

我在一中任校长四十一年，个人认为最值得肯定的工作，是发现、培养、支持和保护了一批教育家型教师，充分发挥他们的骨干带头作用，依靠他们带动教师队伍建设，培育良好的教风、学风和校风，为一中的健康发展奠定了坚实的基础，保证一中多年来一直沿着全面贯彻国家教育方针、实施素质教育的道路前行。

教育家型教师是自觉的教育工作者。他们自觉地遵循育人为本的原则，在处理师生关系、组织实施教育教学工作中，处处体现育人的教育思想。他们既管教书，又管育人，绝不以“任务观点”对待自己的工作。最通常的表现是讲究教育良心，要求自己的工作对得起学生，对得起家长，对得起国家，绝不误人子弟。境界高一点的，是以培养学生成才，为国家培养合格人才为己任，他们对每一个学生都认真负责，绝不让一个学生掉队。他们的教案、他们批改的作业、他们评阅的学生试卷等，处处体现着一丝不苟、认真负责的精神，经常被展出，作为大家效仿的榜样。他们的工作、教育成果，常被当作“免检产品”。他们给学生留下了终生难忘的印象。一中的校友，不管毕业多少年，都想着这些恩师，忘不了自己所学专业的启蒙老师、铸造自己成才的灵魂工程师，一有机会就会回学

校看望这些老师。这些老师见到被自己培养成才的学生也感到无比幸福。谈到教师的幸福观时，他们不假思索，异口同声："看到自己的学生成才，为国家社会作出贡献，是教师的最大幸福。"

教育家型教师，不仅会教书，还会育人，是优秀的班主任。他们把班主任工作的着眼点放在营造促使学生健康发展、立志成才的育人环境上。他们重视班集体建设，注意组织全体学生参与班级活动，并激励学生在集体活动中展现和感受自己的才能，获得立志成才的信心。记得《天津日报》记者采访一中一位优秀班主任，报道这位班主任的工作、经验和成果时，记者把自己的感受概括成一个观点：一位教师就是一座人才库。的确，一位教育家型教师，就是一座人才库。培养教育家型教师已成为一中教师培训工作的传统做法。多年来，一中把本校办的教师培训班，取名"未来教育家学校"，凡新到一中工作的教师都要接受培训。所谓"未来教育家"，是指教师把教育工作作为体现自己生命价值、终生为之奉献的事业；在思想境界、学识品德修养、教育思想作风、教育能力、知识结构、掌握现代化教育教学手段等方面都能适应培养21世纪人才的需要。这样，从组织上，从学校培训教师以及教师自己追求成就的指导思想上，来保证教师要以成为教育家作为发展方向。

教育家型教师有正确的教育思想和理想，以此为基础形成贯彻教育方针、实施素质教育的指导思想；又有高尚师德、师风和较强的教育教学能力来保证施教的质量，从而成为学校贯彻教育方针、实施素质教育的可靠保证。

经我简单的概括，一中教育家型教师的基本特点是：有明确的教育思想、教育理想，有高尚的师德、师风，有较强的教育教学能力。所谓教育家型教师，根本特性是有教育思想与教育理想。我概括一中教育家型教师的教育思想是：育人为本，教学为主，全面发展，学有所长。这已经成为一中贯彻教育方针、实施素质教育的基本指导思想，至今仍在坚持。

育人为本，教学为主，是教育功能观、教师任务观在实施教育过程中的体现。全面发展，学有所长，则是学生观和基础教育阶段人才观的反映，也体现了对学生个性特长的尊重和保护。全面发展与学有所长两者相结合，体现在基础教育阶段，是实施素质教育、培养人才的起步要求。实践证明，上述内容所反映的教育思想，是教育家型教师得以正确贯彻教育方针、实施素质教育的思想基础，这保证了他们遵循教育方针、全面育人的自觉性。

在育人为本的思想指导下的教育实践，必须重视学生人格的塑造。教育家型教师的实践说明了这一点。这些教师进行教育工作，总是关心学生的素质特征，重视对学生健全人格的塑造。他们自觉用自己的言谈举止，教育、陶冶、影响学生，引导学生学会做人，做高尚的人、有道德的人。他们身为班主任，重视对学生进行理想教育；他们进行教学，总是要求学生“学贵勤奋，立志第一”。语文作文教学总是旗帜鲜明地要求，教学生作文，首先教学生做人。

全面发展、学有所长的教育教学指导思想还反映在教师的教学实践中，把教学目标定位在培养学生成才上。因此，他们关心学生，注意将全面发展与学有所长相结合来培养学生，这就要求教师要尽到教育教学责任，绝不偏离教学。他们不放弃任何一个机会，让每个学生获得成功的喜悦，树立成才的自信。他们重视挖掘学生的潜力，发现学生的天赋，因势利导，让学生充满信心地健康成长。很多一中毕业取得成就、成为人才的学生，都能清楚地记得是某某老师发现了他的天赋，鼓励支持他走上成才道路。

正确的教育思想、教育理想作为贯彻教育方针的指导思想，决定了正确的培养目标，而要实现培养目标，并且达到高质量高水平的标准，就要依靠高尚的师德师风来保证，从而在培养目标上实现动机与效果的统一。

一中教育家型教师的师德师风有鲜明的特色，从他们的实践中具体地体现出来，这种师德师风，以“三热爱”（爱祖国、爱教育

工作、爱学生）为基础，体现在教育教学实践中是“四心”“四不倒”的精神和态度。“四心”，即教育事业心、教育责任心、为人师表的自尊心和为了适应工作要求而不断充实和完善自己的上进心。“四心”的核心是教育事业心，即把做教育工作当作体现自己生命价值、人生理想的事业，而不是单纯地作为谋生的职业。有了教育事业心，随之而激发出责任心、自尊心和上进心。“四不倒”则是“四心”的行为表现：问不倒，对学生提出的或工作中遇到的问题总是要千方百计寻求答案，给予解决；难不倒，在施教过程中，遇到的任何困难都要去克服；累不倒，教师工作很繁忙、很累，但要撑得住，坚持下去；气不倒，不管是从学生那里来的，还是从家长那里来的让教师生气、委屈的事，是经常发生的，一定要用正确的态度来对待，绝不要因生气而不干，而倒下。

教育家型教师不仅师德师风令人赞服，他们的教学水平也是上乘的，概括其特点可以称为强力教学。这种强力是一种综合教学力，它主要包括磁力、渗透力和推动力。“磁力”是指由重视教学中的趣味性、启发性而产生的对学生的吸引力。“渗透力”是指使学生听课听得入耳、入脑、入心，能激发学生用旧知识去消化新知识，形成新的知识结构。“推动力”是指启发学生多重思维，推动学生去探索。

教育家型教师强力教学的源泉主要来自专业知识根底，热爱学科、热爱教学、热爱学生和鲜明的因材施教的指导思想，他们的学科知识根底绝不仅仅是“吃透教材”，也不仅是“给学生一碗水，自己要有一桶水”的知识量优势，而是“用自己的知识”，即内化于自己的知识结构之中的学科知识，使自己对所教的内容达到居高临下的境地。他们在教学中饱含着情感，洋溢着对学科、对学生、对教学的热爱，有比较自觉的因材施教的指导思想。

学校在培养教育家型教师中起着关键作用。实践证明，教育家型教师的教育思想、教育理想以及对学生的情感、对教育工作的情感，大多是在教育实践中获得教育实感以后，逐步明确、加强起来的。因此，学校育人环境的建设，还应该注重“双向出人才”，既培养学生成才，还促进教师成才。在环境建设中，师生关系的建设、校长与教师关系的建设、教师之间关系的建设，都要着眼于互相激励，同频共振。值得一提的是，教师队伍建设不能单纯着眼于业务水平的提高，而应特别重视师魂的塑造。

选自《中国著名校长办学思想录》，江苏教育出版社2000年版

答一中老师和校友问

最近一个时期，老师、校友以各种方式向我提问，我借《同窗益友》1961届齐逵同学约稿的机会，向大家做一个简单回答。

2000年秋天，在一中校园遇到王宝媛老师，她问到我曾经写过的一首诗，她只记得两句，还有两句记不起了，要我补上。她强调说，那首诗很有现实意义，每当阅读当前一些有关教学的文章，就感到诗的内容符合现代教学论的基本精神。为了帮助我回忆，她说出了还记在脑中的两句："面对学生商教学，因材施教是'基因'……"我回想片刻，想起了那首诗的后两句。同时，我回忆起创作此诗的情景。

20世纪50年代后期，张建昌老师和我谈到教师特别是语文教师的辛苦时，套用古人诗句来描述教师的备课情景，"三更灯火五更鸡，正是教师备课时"。当时，张老师仅谈到教师备课要阅读很多材料，唯恐教学内容单薄，给学生的东西太少，有愧于良心，有负于学生。我觉得他谈得还不够，忽略了一中教师备课指导思想中很重要的一些方面，于是我也套用古人诗句回应他。全诗的内容是"面对学生商教学，因材施教是'基因'，教师辛勤为何者，面向时代育新人"。这四句诗，强调了教学指导思想中要清醒把握育人目标这个根本点，教法上遵循因材施教这条基本原则。这是我当时研究和总结部分教师的经验和实践后，得到的一中教师的教学思想精华。很多校友写回忆文章，都提到一中有一支优秀的教师队伍，在他们成才过程中起了引导和促进作用。我想，这和教师们以强烈的社会责任感为基础，在教学实践中有明确的育人目标，善于把握学生的特点，从学生实际出发因材施教的科学教学有直接的关系。我认为这是一中教师教学的优良传统之一。

2001年教师节庆祝会上，李凤川副校长（他也是一中校友）向我讲述了一个情况，提出了一个问题，引发了我的思考。他说："一些离退休教师、干部在一起闲谈时，谈到一中教师队伍比其他兄弟校强不了多少，但在一中发挥的作用却很突出，这个现象值得研究。"我听完后，脑中出现这样一句话：一中教师的教育精神，创造了一中辉煌。我曾在很多场合谈到一中教师的教育精神，将它概括为"四心""四不倒"，即事业心、责任心、自尊心、上进心；难不倒、问不倒、累不倒、气不倒。我认为这"四心""四不倒"精神，是教育家型教师特有精神的行为表现。一中就是靠这样一批教育家型教师培育了良好的校风，实现了高水平的教学，实施了优质的素质教育。1999年，全国掀起教师培训高潮时，很多人写文章提到要培养"名教师""学者型教师""学科带头人"等，我借《人民教育》征文的机会，写了一篇《培养教育家型教师》。此文发表后得到很好的反响，文章被人民教育出版社评为一等奖，很多地方的文集编辑部门函告我，该文已录人优秀论文集，有的地方还为此举办研讨会。文章被认为有很高的理论水平和实践意义。这篇文章，概括反映了一中教师的教育思想和实践成果，对文章的肯定，就是对一中教师队伍成绩的肯定，一中教师的教育精神是一中又一个优良传统。

发表于天津一中校友会刊物《同窗益友》2001年12月

五、学生发展

许多优秀教育工作者的教育思想中都包含深刻的学生观。在深耕中学教育的四十余年里，韦力同志不仅用爱与行动践行“以生为本”，时刻与学生在一起，而且在与学生朝夕相处的过程中不断思考和沉淀对学生发展这一领域的认识。20世纪80年代，教育领域面临着大量的思想激荡和讨论。如何正确认识中学生的身心特点和发展规律？应不应该发展、如何发展智育？智育和思想政治教育的关系是什么？如何对待过去二三十年积累的思想政治教育经验？教育改革中如何统筹实施“五育并举”，促进学生全面发展？韦力同志顺应时代发展需求，陆续在不同场合探讨了中学生的特点和发展规律、中学生智力发展与智育、思想品德教育、学生全面发展等问题，从根本性认识和规律性总结方面，提出了许多真知灼见。例如：中学生的智力发展与“双基”教学要统一；学生是学习的主体，教师应该把学习的主动权交给学生，充分发挥教师的主导作用，指导学生“学会”和“会学”；要遵循马克思关于人和社会、教育关系的观点，将中学生置于所处的社会人群结构中的青年层次来研究；注重培养学生的自我修养、自我完善和自治能力；坚定正确的政治方向，建设“五育”并举、各育有机结合的教育体系。

阅读中我们发现，韦力同志叙述中反映的一些矛盾现象仍然是当下一些教育工作者，尤其是部分对学生认识不够充分、不够成熟的新手教师时常遭遇的：学生和老师对着干怎么办？韦力同志回答：好教师要把教育内化为学生自己的要求，善于给学生在思想上树对立面，使师生站在一起。如何解决学生不压不学，不教不会的问题？韦力同志回答：把学习主动权交给学生，学生要掌握“两先两后一总结”。分数高，就是好学生、好教育，这种想法对不对？韦力同志回答：不求人人升学，但求人人成才……这些原则至今仍然非常具有启发性和指导意义。

落实立德树人根本任务，培养德智体美劳全面发展的社会主义建设者和接班人，是推进教育现代化、建设教育强国必须把握的大是大非问题。韦力同志的学生观展现了共产党的教育家是如何牢牢把握党的教育方针，坚持马克思主义基本观点，全面辩证系统思考和看待学生发展问题的。唯有坚持旗帜引领、不忘铸魂育人，教育教学反思的理论成果才能真正为立德树人的教育事业服务。

把学习主动权交给学生

学生既是教育的对象，又是学习的主体。不少教师对学生地位的这种两重性，从道理上讲是接受的，可是，在教学实践中，他们却往往只把学生看作是教育的对象，而忽视了他们是学习的主体的一面。满堂灌、注入式的教学方法，只顾赶进度，不考虑教学任务是否落实的教学态度，以及用增多作业、频繁考试等做法让学生学习，都是忽视学生是学习主体的具体表现。这种片面的做法已经影响到打好“双基”、培养能力、发展智力的教学任务的完成。

学生是教育的对象。学校的职责是遵循党的教育方针，根据教学计划的规定，按照教学大纲的要求去培养、教育学生，使他们在德智体方面都得到发展。从这个意义上讲，教师是教育者，学生是受教育者。然而教学过程是师生双方共同活动的过程，要使教师所教的内容被学生所接受，转化为他们自己的知识和智能，就必须像吃食物一样，经过学生自己的咀嚼、消化和吸收。教师的教是外因，学生的学是内因，外因不通过内因就不起作用。学生如果没有明确的学习目的，没有学习的兴趣、能力和主动性，教师的教学任务便要落空。从这个意义上讲，学生又是学习的主体。科学的教学就要研究学生学习的规律，把教学工作建立在正确认识、掌握和运用这个规律的基础上。毛泽东同志关于教学工作的指示渗透着学生是学习的主体和要尊重学生学习主动权的思想。他教导学生要靠自己学，不要光跟在教师后面跑；他要求教育者要鼓励学生有创见，

要把注意力集中在培养学生分析问题和解决问题的能力上，使学生在德智体几方面生动活泼地主动地发展。实践也反复证明，掌握了学习主动权的学生，往往是学有所成的。他们的共同特点是：有明确的学习目的，有周密的学习计划和良好的学习方法，有克服困难的坚强意志和毅力，因而，能够比较全面、系统地掌握知识，并能自觉坚持德智体全面发展。

把学习的主动权交给学生，绝不意味着教师可以撒手不管，任其自流，而是要更好地发挥教师的主导作用，指导学生学会和会学。

首先，教师要注重培养和提高学生学习的自觉性、主动性以及自治和自学能力。这就要求教师要摆脱旧教学论的影响，破除教师教学生听、教师灌学生装的旧的教学方式，使学生从“要我学”转变为“我要学”，以掌握学习的主动权。教师要想方设法激发学生的学习热情，激励学生的学习意志，使学生在学习中始终处于情绪饱满、积极思考的主动状态，从而取得良好的学习效果。

其次，为了使学生掌握学习的主动权，教师应把指导学生的学习方法作为教学任务之一，纳入教学过程。根据我们的经验，学生应当做到带着问题听课，在理解知识的基础上做作业，并且善于总结（总结考虑问题的思路、学习方法和心得），把所学的知识技能系统化，具有初步的驾驭和运用知识的能力。做到了这些，他们就掌握了学习的主动权。因此，我们指导学生采取“两先两后一总结”的学习方法，即先预习后听课，先复习后做作业，学了知识要总结。随之而来的是，教师必须使自己的教学方法和学生的学习方法相适应。教师在学生预习的基础上讲课，就应针对学生预习中提出的问题，以学生理解教材的思路为线索进行引导，让学生学习教师分析问题、解决问题的思路和方法，从而解决他们在预习中、在理解教材上的疑问。这样，学生听课的过程就不再是单纯接受教师的灌注，而是在教师指导下积极思考的过程。日积月累，学生会想会学，思路开阔，形成学习能力，就掌握了学习的主动权。在这样的教学过程中，教师的主导作用就是教学生去学，教学生学会和会学，以达到教是为了不教的目的。

最后，使学生掌握学习主动权的关键一环，是教师在教学过程中应注意培养学生的能力，发展他们的智力。学生的学习，是在教师指导下以教材为中介的认识过程，是运用智力掌握知识、技能的过程。因此，教师应把教学作为实现掌握“双基”与发展智力的统一的过程，改变学生仅用听讲和练习来获取知识的学习方式。我们的做法是要求教师在“双基”教学中要善于启发学生的思维，培养和发展他们的分析、比较、概括等能力。许多教师的经验表明，在教学过程中，教师采取以下的教学方法是十分有效的。这就是：激其情，奋其志；启其疑，导其思；教其知，授其法；显其错，正其本；广其知，增其能；倡其辩，砺其锋。这样做就使课堂成了学生智力活动的活跃场所。

教师在思想上确认学生是学习的主体，把学习主动权交给学生以后，他们在教学工作中就不仅会深入钻研教材而且会注意研究、了解学生。在全面了解了学生的学习目的、态度、作风、方法以及知识技能掌握情况和智力发展水平以后，教师就可以逐步做到因材施教，使每位学生在各自的基础上都能有所提高，并且能够生动活泼地发展。

发表于《天津教育》1982年第2期

中学生的特点和发展规律

一、研究中学生特点和发展规律的意义

掌握正确的教育理论，树立正确的教育思想，是完成教育任务的前提。学生是我们的教育对象，对学生的认识和看法，是我们教育思想的重要组成部分。教师对学生的看法常常影响他的教育态度，影响他的工作方法和教育效果。必须正确地认识学生、看待学生（包括学生的群体和个体两个方面），才能对学生有感情，才能采取正确的态度和方法来培养教育学生。

在教育教学工作中，遇到的第一个问题是怎么适应的问题。教育工作是做转化工作，教学是把书本知识转化为学生的知识，知识转化为能力，再经过长期训练和综合概括，转化为智力。所以首先要适应。教师和教材要适应，教材、教师、教法和学生要适应。适应才能转化，不适应就脱离了学生实际，就没有转化的基础。要从实际出发，就必须研究学生，在思想上、感情上、方法上去适应他们。在这个基础上，教学才能步步踏实，循序渐进。

党的教育方针，是使学生在坚持四项基本原则下德智体得到全面发展，这是社会主义学校教育下学生发展过程的特点。只有研究和揭示学生成长过程的客观规律，并将其运用到教育教学实践中去，才能使教育教学工作科学化。现在许多同志一说思想工作科学

化、教学工作科学化，就套外国人的东西，特别是套行为科学、管理科学或者是人才学，这是不行的。研究规律，研究什么是客观存在的规律，才能使你的工作科学化。科学化有特定的含义，就是在坚持四项基本原则的前提下，德智体几方面都得到发展。这个过程的规律是什么？我们总得先结合自己的特点再借鉴别人的东西。这样提高质量才有个基础。所以要研究这个规律，揭示这个规律。

许多优秀的教育工作者，他们的教育思想中都有正确的学生观，并且在他们的教育思想里占很重要的地位。最近听到北京一位教师说："学习好的学生是我学习教学内容的老师，学习差的学生是我学习教学方法的老师。"话虽简单，说得却很深刻。一位中年教师讲："教师对学生的感情，是提高教育质量的重要因素。"把提高学生学习质量来个受力分析的话，有很多力作用于它。师生关系、师生感情是个很重要的力，不是正作用力，就是负作用力。在发展学生智力、培养学生能力的教学过程中，有些教师的学生观常常起阻碍作用。老师让学生在课堂上主动提问，启发学生思维往往有"五怕"：一怕慢；二怕乱，怕课堂失控；三怕错，怕学生提老师意想不到的问题，或者提出一个新的看法出来，难以肯定或否定；四怕难，要了解学生，要估计学生的思路，分析学生掌握知识的情况，来设计教学过程，太难；五怕苦。我加了一句："就是不怕教学做了夹生饭。"现在是否只要方法改了，态度变了，就能发展学生智力了？这个想法过于天真！学生已经形成的学习习惯、学习思路，想要扭转确实有客观困难。

教师怎么估量学生的学习质量？目前我看到两种情况，也反映了学生观的问题。一种情况是，用分数线、分数段估量，以分数为指标来看教学任务的完成情况和程度；另一种情况是，按照教育知识体系来估量学生掌握知识的情况，是从概念上、从"双基"上把握学生的学习质量。这两种估量都反映了教师对学生的认识，反映了学生观问题。第一种是从分数上看学生，至少是没有自觉地考虑

学生是认识的主体这个问题；第二种是自觉或不自觉地看到了学生是认识的主体这个问题。

要在教育工作领域里开辟新天地，有新的突破，突破口究竟在哪里？我认为在了解学生、研究学生上。老师的注意力要放在了解学生、研究学生上，要因材施教。然后抓教学，促发展，发展思想品德，发展智力能力，发展身体素质，使学生健康发展。

二、研究中学生特点和发展规律的指导思想及方法

研究学生应该遵循什么理论原则，用什么方法呢？教育是培养人的，我们要培养社会主义建设所需要的人才，四化人才，把社会主义发展到共产主义的人才。这不是几个人，而是一代新人。研究这样的对象，指导理论是什么？我想至少要考虑三点：①马克思关于人和社会、教育关系的论述。马克思在《关于费尔巴哈的提纲》中指出，“人是环境和教育的产物”，“而环境是由人来改变的”。我们要看到人和环境、教育的辩证关系。在研究学生的成长过程时，既要看到环境和教育的作用，又要看到学生个人的主观能动作用。②中学生在社会人群结构中属于青年这个年龄段里的一个层次。他们是我们有计划、有系统地教育着、培养着的青年。青年在中学这一阶段是突飞猛进发展的，是人生走上坡路的时期。毛主席说：“青年是整个社会力量中的一部分最积极最有生气的力量。他们最肯学习，最少保守思想，在社会主义时代尤其是这样。”（《中山县新平乡第九农业生产合作社的青年突击队》一文按语）毛主席这段话揭示了学生的本质。我们的教育要适应学生的这些特点，就要正确引导，从而真正抓教育、促发展，而不要去压抑他们。③列宁关于儿童智力发展的论述。列宁把关于儿童智力发展历史的知识，看成认识论和辩证法的知识领域的重要部分。列宁要求，马列主义的

认识论和辩证法，应该把儿童智力发展的历史作为一个部分来研究。我体会，至少要把儿童智力发展的特点抓到。它有个特殊性，应该成为认识论的特殊考虑部分。那种用一般认识论来套对儿童的认识，恐怕是不够确切的。我们说教学、学习是认识过程，这不错，但要加几个限制，它是个间接的认识过程，是在教师指导下，以教材为媒介，表现出儿童智力发展特殊情况的一个认识过程。大家可以用认识论来指导、研究这个过程。这对我们研究中学生认识发展有重要的借鉴参考价值。

中学生，特别是高中生，他们处在成长时期，有他们特殊的心理特点。现实社会上存在的一些问题，特别是一些时弊，青年都有感觉，都有反映。这一点，他们和我们有共性，不过他们反映的特点不同：你可能得考虑一下，他一下就讲出来了，因为你社会经验多，他没有。所以中学生的思想有社会性，有政治性。只用心理上的年龄特征硬套，我认为不全面、不确切。有些同志对学生思想进行阶级分析，简单地认为是阶级斗争在学生思想上的反映。如果我们从学生的社会出身去看他们，不难发现他们思想上所受的种种影响，但仅仅用阶级分析来给学生的思想定性也不确切，这容易把青年反映出的思想特点、精神特征歪曲了。同时，也容易把我们的思想搞乱，不能正确估计学生，影响我们对学生的正确教育。我们了解青少年的特征不要简单化，调查要有个正确的着眼点、立足点、归宿点；明确调查的目的是什么。

三、在中学生的成长过程中发生作用的各种条件及其影响

中学生的成长，是内外条件作用下构成的一个矛盾运动的过程。要掌握中学生成长过程的特点和规律，就需要研究中学生在发

展过程中对他起作用的各种内外力量，以及这些力量是怎么起作用的。总的来看，对学生发展过程起作用的主要是三个方面的力量，或者说三个力量体系：一个是社会影响，一个是学校的教育，还有一个是学生个人的主观能动性。这个能动性就是学生随着年龄、知识的增加，在内部逐渐形成的一些观点，即心理背景，我们一般叫作主观努力，主观的精神状态，主观的思想状况。这是不可忽视的一个非常重要的力量。这三个方面力量相互影响，每一个方面又是一个复杂的系统，一个体系。比如社会影响，包括社会风气、国家的方针政策等，这些对学生成长的影响是非常明显的；其中很重要的是家庭，起很大作用。家庭是学生与社会的接触点，社会影响往往是通过家庭反映给学生，所以家庭的教育力量、教育水平、家庭成员的精神状态，对学生影响非常直接。或者可以说，社会影响在一定程度上集中地从家庭反映出来。我们在调查几个学生对四项基本原则的认识时发现，有个学生坚定地认为：社会主义就是好。我们问他这个思想是怎么形成的，是不是觉得作为一个学生就应该这么说。他说：不是。他父亲是个老工人。从小到大，每到吃饭的时候，父亲就对他说：今天的生活来之不易，是社会主义带来的好处。慢慢地社会主义好这个思想就建立起来了。还有个学生，家长要求他考大学。他自己的学习很好，感到考上大学很有把握，对自己的前途充满了信心。在对各种问题表达看法的时候，他都表现出这种心理状态。例如谈到待业青年多，因为他觉得自己考上大学是很有把握的，所以这个问题对他没有影响。可见家庭对学生的影响是最直接的。学校教育的作用，一般理解为作报告，讨论会，或者政治课，这不全面。学校教育也是个体系，包括宣传工作、学习、学校的风气，还有学校中人和人的关系，这些都是学校教育的内容。学校教育对学生的成长起主导作用。因为学校对学生的教育是有计划有组织的，是根据学生的成长过程，有针对性地进行引导、施加影响的一个过程，所以起主导作用。那么，是不是社会上有什么影响，学生就接受什么影响；学校对他进行什么教育，学生就接受什么教育呢？不能这样说。学生接受影响有明显的选择性和倾向性。前段时间上海教育界讨论现在学生对思想教育有“抗药性”，像吃什么药吃多了发生抗药性那样的原因。好多同志经研究认为，是由于我们的教育内容、教育方法脱离实际，教育者没有说服力，没有威信。这当然是个重要方面。从学生方面看，他的选择是什么东西在起作用？我觉得有这么几个东西在起作用：一个非常重要的叫作前途感。如果一个学生有事业心，对自己的成绩比较有把握，充满了前途感，这个人心情是向上的，精神状态是积极进取的，教育在他身上发生作用一般也是健康的。如果一个学生丧失了前途感，情绪是悲观的、颓废的，这时候碰到消极的东西就容易接受。要使学生接受教育，调动他接受教育的最大积极性，就要考虑树立学生的前途感、事业心。初中学生的特点，是关心他在班集体和老师心目中的地位如何。常受鼓励，在班上受重视，这样的人一般精神状态就好，对自己的要求比较严格，也比较明确，在接受教育时积极性比较高。相反，学生要是在班上处于无足轻重的地位，甚至受歧视，在老师眼里没什么地位，他的心情就不好，教育在他身上起的作用就很有限，而且常常引起他的反感，认为是故意跟他作对，跟他过不去，是曲解他，是误会他。我们有位教师最近有个实验材料，有个学生在初中时被认为是不好的学生。他到一中以后，认为一中也会继续把他看成这样的人，就感觉这一辈子翻不了身了，于是就表现得破罐破摔。但是教师没有带着成见对待他，而是发现他的优点，肯定他的成绩，有意识地支持他在班级中发挥作用。他一看，教师对他的看法转变了，他在集体中的地位转变了，很快就变成了积极分子。这是什么原因？是心理学上讲的自尊心和上进心在起作用。学生的自尊心和上进心是如何体现的？怎么不挫伤学生的自尊心和上进心，让他在有自尊心和上进心的情况下接受教育？自尊心和上进心的表现形态、内容都是值得我们好好研究和

分析的。

四、在中学生认识发展过程中，环境、教育和学生自觉努力所起的不同作用

在学生认识发展过程中，环境、教育、学生自觉努力几个条件所起的作用也不同。越到高年级，个人努力、个人主观能动性在学习水平提高上，越是起决定作用。而在初中，在低年级，教育是否得法，作用更大些。我们分析高中学生的学习质量，在入学不久，档次就明显地分出来了。那么好、中、差这几个档次是怎么形成的？距离是怎么拉开的？我们分析了尖子生的共同特点。前年天津高考成绩四百分以上的二十多人，经过分析，有四个特点：一是有明确的学习目的；二是学习比较主动，有计划，而且有坚持计划的毅力；三是注意两个全面发展（德智体全面发展和文理科全面发展）；四是比较注意自己的学习方法，有一套治学的方法。我们一中也对尖子生进行了分析，也是这四个特点。这些特点是怎样逐步形成、逐步明显起来的？我们发现，学生常常把自己的学习过程作为研究对象，通过反馈来进行自我完善。他把学习过程的几个环节系统化，常常通过考试反映出的情况，检查自己的各个学习环节，看自己在各个环节上有什么问题，并去完善它。清华附中数学组介绍他们在培养学生时用了一个办法，叫作“复盘法”，像下棋一样，这一盘棋分了胜败，把棋重新摆出来，看看这一盘棋是怎样下的，哪些地方想错了、走错了。让学生把做完的作业、考完的试卷拿出来进行“复盘”，把哪里错、为什么错摆出来。这样使学生的认识水平迅速提高，能力也迅速提高。到了高中，学生的个人努力起很大作用。有这么个说法：初中到高中的过渡教学，是从以教为主过渡到以自学为主。当然是在教学计划下、教师指导下的自学，

让学生自己去探索。培养学生个人努力的习惯，让他们自己归纳出一套自学的方法，这很重要。尖子生是怎么形成的？当然不能排除先天的条件、素质，但后天的教育，特别是教学生如何去学、培养学生发挥主观能动性的一套方法，起着决定作用。

到了高年级，要帮助学生形成正确的认识方法，形成自己的认识。他通过自己的看法和认识，形成自己的信念。因此教育要和他的实际感受一致起来。当然，我们要用正确的思想帮助他分析自己的感受，从而帮助他形成正确的认识，但绝不能因为他感受到的是不好的东西，就硬说是他感受不对。这样学生不但不会接受，反而会产生反感。我们认为教育也要民主化、科学化。

五、在施教过程中学生的地位和作用问题

在施教过程中学生究竟处于什么地位，这是研究学生发展特点的一个值得重视的课题。我的看法是：在施教过程中，学生既是受教育的对象，又是教育的主体；在学习过程中学生是接受知识的，同时又是认识的主体。学生是主体这点在教学过程中常常不被承认，因此在学习过程中，学生总是消极、被动地接受，不积极主动地去认识。在学生发展过程中，随着学生年级的升高，个人的努力起到越来越大的作用。如果它不被承认，受抑制，学生的主动作用就体现不出来。这是我们在教育中应解决的问题。注入式教学为什么这么顽固？我想主要是教学中多年形成的惯性，这就是在“传授知识”“接受知识”教育理论指导下的一套传统的教学程式的作用。过去有的同志把学生当作听话机，当作知识口袋；现在是把学生当作接受程序的机器人。比如习题训练上的机械训练，程式训练（与程式教学还有区别），把题目的类型、解题的步骤，造成很多程式，往学生头脑里装，题海战术发展到题目归类，变成程式。

结果学生根本不能形成自己的认识。高考后有的学生说："那道题老师讲过，我们也做过，可是当时我怎么也想不起来是怎么做的了。"他是回忆老师做这个题的时候是怎么教的，他是怎么做的，而不是去分析这个题目本身，去找出解决问题的方向。他装的那个解题程序乱套了。现在，注入式在课堂教学方面也比较普遍，老师是勤勤恳恳地、周周全全地把想到的全给学生讲出来，就怕哪一点没想到，学生将来遇到这种题因没有这方面的经验而失误。学生也是勤勤恳恳地记、听，就怕老师讲的哪一句没听清楚，没记下来，是个损失。学生很少主动提出问题，而完全是被动地接受。这样勤勤恳恳地灌、周周密密地注入，注入的是解题程序，学生是认识的主体仍旧没有得到体现。

课堂上老师应把主动权交给学生，抓住他们的问题，把认识对象明确起来，引导学生去思考，给一些指路牌，然后引导他们一步步深入，形成自己的认识。

教师的主导作用要像好钢似的安排在刀刃上。这样，学生是认识的主体就体现出来了。北京四中刘瑾昆老师说："不是我给学生讲懂了，是学生自己想懂了。"他是让学生自己去想，他的教学目的是通过学生自己想而达到的。

从接受知识到发展智力也要靠学生自己努力。前提是学生自己能进入认识过程，真正当了认识的主体、教育的主体。没有这个前提，你编多少习题让学生练，也不可能真正发展学生的智力。发展学生智力，有两个条件是非常重要的，一个是教师本人必须有很强的能力；一个是学生自己思考、磨炼。能力强的教师，强在什么地方？强在他对所教知识概念的认识过程很清楚，这个知识、概念，是经过自己的认识得到的，他知道认识这个原理、掌握这个知识概念，要经过一个什么样的过程，因此他能把学生带入这个认识过程，能在教学以前把学生带到知识的门口，然后引其入门，指点学生。教师对内容的了解是非常透彻的，思路是非常清晰的。透彻、清晰不是他讲出来的，而是在引导中体现出来的。老师要是没有这个智力，就不可能引导学生进入认识过程。学生没有自己的磨炼和往复几次的认识过程，没有自己总结认识经验、提升认识能力的过程，就不会形成自己的智力。这也可以从另一方面证明学生是认识的主体，是教育的主体。

思想也是如此。人的认识能力的提高，认识主体的修养起很重要的作用。学生在接受思想教育，在人格完善中，自我完善、自己的修养非常重要。学生有了自我修养的自觉性，就能够自己完善自己，有了自治能力，这时候教育才能在他身上发生作用。也就是说，学生自己成了认识主体以后才能达到这个高度。根据这点来看，课堂教学也好，学校环境也好，为了发展学生的智力，培养学生的能力，应该给学生创造自己进入认识过程的条件，不断地提供学生积极思维的情景，要造就一个学生生动活泼地思考的环境，来磨炼学生的思维能力。

六、中学生发展过程中，德智体几个方面相互联系、相互作用、相互影响、相互转化的特点

青少年在德智体几方面的发展，是相互联系、相互作用、相互影响、相互转化的。学生在成长过程中德智体几方面都在发展，这是客观规律。我们要抓住客观存在的这个规律，因势利导，把学生引导到我们的社会主义教育方针、培养目标这个轨道上来。学生德智体都得到发展，就是要有社会主义觉悟，成为四化所需要的人才，在这个基础上统一起来。从这几年的情况看，全面发展不能偏废，偏废了就会造成发展上的障碍。德智体三者发展是个什么关系？我认为在发展过程中，智育是基础，德育是支柱，体育是载体。有些学生，他什么也没学，你要求他干这个、干那个，他根本

不懂。所以学生首先是要学，学知识，学经验，学礼仪，学政治。然后通过实践，将所学变成信念，然后才会变成行动。没有知识，正确的行为、习惯、礼仪、政治观点，根本谈不到，所以智育是基础。德育是支柱，没有德，智就立不起来，那些智力、知识就没有统帅，没有灵魂，没有精神支柱。

从施教来讲，三者各有途径，而且相互渗透。三者是统一的，但还是三个方面。智育把知识水平提高了，认识能力高了，就有助于品德的发展，有些智育还可以直接转化为德育。体育不仅能提高身体素质，还能培养上进心和进取心，在学习上，在思想锻炼上都起到很大作用。所以三者各有途径，又相互渗透，而且在一定条件下相互转化。

能不能实现三者的统一，决定的条件是什么？从学生发展过程来看，决定条件是教育者的教育思想和与之相适应的学校教育教学体制。从学校教育教学来说，教师的教育思想、校长领导学校的思想和一整套教育体制是否得到保证，是否从全局观点出发去指挥某一方面的工作，这是个重要条件。现在来看，社会条件起着相当大的作用。是什么阻碍德智体的发展？对学生来讲是升学的压力，对学校来讲是升学率的压力。现在的升学率把学校压变了形，把教师压变了形，把学生也压变了形。这个压力使德智体不能得到全面发展，在一定程度上违背了教育规律。要看到学生德智体都得到发展的规律，看到其实现的条件，并运用这个规律改进我们的工作，才能促进学生德智体都得到发展。

七、中学生政治思想发展的一般趋势和对学生思想倾向的估计

中学生处在世界观形成过程中，可塑性很强。怎样把这种可塑

性变成我们看待学生的指导思想，这就值得大家来研究。这个问题如果得不到正确地解决，很可能在指导、疏导学生思想发展方面把针对性搞错了，收不到教育效果。学生的政治思想观点，在一个时期或某个年级阶段都是一个动态结构。他没有一个根本的定型思想。他的思想观点不是以一个思想体系作基础，形成一个固定看法。他的看法常常是道听途说来的，往往在某种情绪下，容易接受某种观点，用来表述自己的心情。这种情绪一变，看法也变了，常常是人云亦云，有时对自己思想的描述也是张冠李戴，并不清楚他的思想观点是什么。这不是说政治思想在学生中就没有反映，不值得重视。现在社会上一阵风，在学生思想上也有一层浪，这也是客观存在。问题是在看待学生的这些思想时，疏导学生的这些思想时，我们的着重点、立足点、出发点放在哪里，归宿点放在哪里。不应就事论事，就问题论问题，而应通过分析解决问题，培养学生的分析能力、分辨是非的能力，从而让他逐步形成马列主义的立场、观点、方法，使他有自治能力。思想教育工作，也是“教，是为了不教”。学生是受教育对象，又是认识的主体，他们通过认识、实践，逐步形成自己的世界观。

学生的政治思想发展有没有一个循序渐进的规律？是不是可以从爱国主义思想出发？我想可以从爱国主义思想出发，逐步地把爱国主义、党的领导和社会主义联系起来，从这里培养学生正确的立场、观点、方法。抓住这条主线，形成他的世界观。

总之，中学生的特点和发展规律值得研究。上面讲这些，只是一些初步想法，请同志们研究。

发表于《教育研究》1982年第6期

中学生的智力发展与中学阶段的智育

今天的发言，是关于中学生的智力发展与中学阶段的智育问题的一些想法。主要讲四个问题：①关于智力、智育的几个认识问题。②中学生智力发展的要求和现状。③中学生智力发展过程中的一些特点。④中学智育的几个问题。

首先说说这个课题包括的内容范围和性质。学生的智力发展与智育问题，是教育理论的重要问题之一。它涉及心理学、逻辑学、生理学等有关科学。我的发言在使用这些科学术语、概念时，仅仅是从学校教育这一特定条件下来使用的一种教学语言，没有从有关科学体系上去深究它们的确切含义，只要求我们教育工作者明白我讲的是什么意思，外行能听得懂，内行不笑话即可。

第二，我冒昧地就教学论中经过多年争论，至今仍无定论的一些问题发表意见，目的是将我多年来学习优秀教师的经验和分析成绩优秀的学生的学习情况并经过思考后，得到的一些心得体会、想到的一些问题，向同志们作个汇报，请大家研究，集思广益，使自己的认识得到提高，也给研究这些问题的专家学者，如在座的教授、教育科学研究所的同志们提供某些素材，供参考。当然，我希望我们的“中学教育研究座谈会”能在这个发言的基础上，通过大家研讨，尽最大努力去揭示学生智力发展的规律，促进学校智育的科学化；在此基础上初步总结出我们自己的智育理论，建立我们天津市的、“土特产”的智育学。因此，如果有的同志认为我今天讲的是智育论或教学论，那就太高深了。当然，衷心地希望专家同志们从理论上来补充、修正我的发言，提高我的认识水平。但是我更希望拿出您的宝贵经验和体会来充实本课题。

第三点，一谈到学生智力发展的问题，就认为仅仅是文化课教学的问题，这是不全面的。学生智力的形成和发展，都和掌握知识（包括经验）分不开。但影响学生智力发展的因素，不仅仅是文化知识学习这一个因素，还有其他方面的因素。讲学生智力发展、学校智育，就要全面考虑产生影响的诸因素。今天的发言不光是从教学角度来讲这个问题，而且是从学校教育的总体上来讲学生的智力发展和学校智育问题。实际上，不论在学生发展过程中，还是在学校教育工作中，德智体诸方面总是相互联系、相辅相成的，而且在一定条件下相互转化，绝非是彼此不相干的、孤立存在的。这是我讲教育问题的总的出发点。

总的来看，我所讲内容的范围、性质，既不是心理学，也不是教育学，既不是智育论，也不是教学论；而是实际经验的感受，属于经验思维的范畴。我是尽最大的努力谈一些粗浅认识。我发言的中心思想是，学校智育的任务是在研究和掌握学生认识发展规律的基础上，通过以教学为主的诸方面的途径，组织和引导学生运用自己的思维器官获得知识，在形成知识结构的同时，提高获得知识的能力，促进智力的发展，从而使智育真正成为开发学生智能的手段和途径。为了和那种认为智育即教学、即传授文化科学知识的传统教育思想相区别，针对当前忽视智力发展的情况，我在提法上强调了智力。可是在后面的发言中常常把智力、能力、智能混合使用。

一、关于智力、智育的几个认识问题

发展学生智力、培养学生能力问题，是当前我国教育界议论的中心。通过教学促进学生全面发展、特别是智力全面发展的要求，已成为引导教改的方向和推动教改进程的强大动力。同时，也成了国际性的问题。现在，天津市中小学都在围绕这个问题进行专题研究和探讨，总结了一批很有价值的经验。《天津教育》上发表了不少文章。可以说，发展智力热已在天津教育界初步形成。教改的实践向我们提出了有关智力发展问题的一些需要在认识上统一和进一步明确的根本性的问题。下面说说我的看法。

（一）智力开发问题的提出及其对学校教育的意义

对一件事物的态度，常和对其意义的认识有关。“知识爆炸”是我们这个时代的重大特征之一，由此引发了对什么是教育科学的疑问，特别是对人才培养标准的新要求等一系列疑问的连锁反应。教育界的理论家、实践者都积极地行动起来了。从我接触到的实际情况看，对当前强调发展智力的意义认识不足，主要表现在两方面：一方面是只看到它与教育史上学派之争的联系，没有看到它的实际意义，只看到这个问题的“流”，而没有看到它的“源”——社会根源，因此，认为它是“双基”“能力”两派之争中的一派；另一方面是只看到发展学生智力提出的一些课题，如要学生自己去“发现”知识等，认为这是启发式的，因而认为发展学生智力只要在教学的某些环节上加以注意，多组织学生回答问题就行了。两种表现，一个根源：看不到这是一场教育思想、教学体系的变革。因此，在教学实践上必然是不得要领，思想打不开，步子迈不大，难以用适应现实社会需要的人才标准的新观点，来观察我们的教育，总结教育经验，重新评价形形色色的教育观点和主张，重新认识多年遵循的教育体系和传统。在这个背景下，一种新的思潮涌现出来。20世纪五六十年代，在苏联以赞可夫为代表，在美国以布鲁纳为代表，先后提出了以发展学生智力、培养学生才能为特色的教育主张，以及与此相适应的教学体系设想。随之而来的是围绕他们的主张展开争论。这以后，发展学生智力的热潮，差不多以席卷世界之势在教育界蔓延开来。最近一两年影响到我国，形成了一个强劲的势头。怎么理解教育思想上这股思潮及其对教育的影响，怎么把握它的发展趋势，怎样正确对待它对教育的实践意义等，这些问题都需要我们去认识，从而使我们有一个清醒的头脑，既不致在聚讼纷纭的情况下，盲人摸象似的对待关于智力及其发展的各种主张，乱了自己的阵脚；又不至于见到他们的观点类似教育史上某些流派的主张，他们提出的措施是自己早就听过、见过并且用过的，就认为那只不过是“新瓶装旧酒”而加以轻视，来个我行我素，故步自封。

有人说，这是教育界的一次战略转移，我认为是有道理的。目前的讨论涉及教育与发展的关系、教学的根本任务是传授知识还是发展智力等问题。从教育史上看这些问题，从某种意义上说，恐怕是自有学校教育时就已经提出来，就开始议论、争论了。对这些问题的回答，形成了近代教育史上所谓实质教育派与形式教育派。但这两派思想体系和当前的主张是不同的，他们的共同点是，都在教学目的上把知识与能力的发展对立起来。从现在强调的智育全面发展为基础的智力发展来看，不管是赞可夫还是布鲁纳，他们都是把“双基”教学和智力发展统一起来。至于“思”与“学”的关系问题，我国教育的祖师爷孔老夫子早就明确地说过，“学而不思则罔，思而不学则殆”，把“学”“思”问题当作互相联系的两个重要方向。可见“学”“思”相结合的主张古已有之。据我体会，孔夫子的主张实际上是把学习过程当作认识过程，要用“思”去消化

"学"，用"学"来充实"思"，光学不思就不能把学来的东西变成自己的，这无疑是一种可贵的思想。他朴素地道出了教学的客观规律，有一定的科学性，因而对今天也有借鉴意义。但孔夫子所说的思是为学服务的，是说学习者只有把圣人之"教"，经过自己的"思"去消化、吸收，变成自己的东西，才能学有所得。因而孔夫子所说的学也不是为了获得新知识，思也不是为了发展智力。今天强调的"学中之思"是为了发展智力、能力，特别是强调创新精神、创造能力，这和孔夫子所主张的"非礼勿言"，要人循规蹈矩的根本教义是迥然不同的。所以，我们不能把发展学生智力、能力的认识局限在这股思潮涉及的某些观点上，譬如教学过程中教学与发展以及思、学相结合这一点上；而应该看到根本目的在于培养有创造能力的人才。这种教育观点，产生于现代社会生产力和科学的发展过程中，是其对教育提出的新要求。有的同志看不到这一点，认为这仅是"双基"派和能力派之争。这是不合适的。

开发智力，已经被看作是人类发展科学技术，人类社会实现不断进步的主攻方向（科学技术的发展是生产发展、人类社会发展的杠杆。当然人类社会的进步，最终要取决于社会制度的先进）。当前，世界上许多专家学者围绕这个主攻方向进行深入科学研究。生理学家、心理学家对人的脑神经系统及其活动规律做了深入的研究，取得了辉煌成果。电子计算机的成就，人工智能模拟技术的进展，说明人们已经初步认识了脑的功能及其活动的某些规律，这就为改善智力活动的物质基础即人的大脑的活动，为有目的地、自觉地提高智力素质提供了依据和条件。遗传工程学、优生学、教育学的研究，为改善人的智力素性、定向育人，开辟了探索的途径。教育工作者担当着这个主攻方向上的"尖刀连"的任务，这就要求我们利用这些研究成果，提高我们的思想水平，从而有目的、有计划地发展学生智力，使智育科学化、高效化。可以设想，可能有那么一天，教育借助于人脑科学、心理学、思维科学，使人的智育过程、德育过程成为可控过程，人类能根据儿童智力、意志等的形成和发展规律，准确地给予影响。教育学也随之由宏观进入微观。这样在教育学上就会出现微观教育学。目前关于发展智力要求的提出，是向这个方向迈出的一步，也是这股教育思潮的时代特点。我们关心发展智力、培养能力等问题的讨论进展及科研成果，并学习它，掌握它，用它来丰富我们的头脑，提高我们的认识水平，促进我们在教育思想、教育实践上作出新的突破。要从这个高度上来把握世界教育界的新动向。我们不能把发展智力问题局限在改革教学方法一点上，局限在传统教学体系的框框里。在这股思潮推动下，有些同志仍干劲不足，原因是把发展智力、全面完成智育任务仅仅看作是对传统教学模式中某些环节的改良。

一年前，我们学校提出发展学生智力、培养学生能力，认为这是学校向社会输送能够完成社会主义四化任务的人才应满足的条件。为此，学校教学必须作出重大改革，必须改革传统的教学思想、教学体系。要转变教学就是传授知识的思想，明确教学在传授“双基”的同时，要发展学生智力，培养学生能力，即育人；要转变在教学过程中教师是主体，把学生当成单纯地接受知识的对象的旧的学生观，明确学生是学习中认识的主体、学习过程是学生自己主动认识过程的学生观；要转变教学就是教师教知识、学生学知识的旧观念，明确教学是教师教学生怎样去学、怎样去掌握知识的指导思想，着眼于培养学生独立获得知识的能力；要转变以掌握知识多少作为衡量教学质量标准的思想，明确以知识转化为能力的转化率为质量标准。为此，教学思想、内容、方法、手段要进行全面的、相应的改革。我们把这种系统改革看作是教学现代化的主要内容。从实践看，从这个高度来把握这场教改的实质，才有助于提高我们的自觉性，增强改革的动力，使学校成为育才的场所。

（二）什么是智力？智力与能力是什么关系？中学生智力分布怎样？影响智力发展的因素是什么？

什么是智力？智力概念是心理学家字典中的重要概念。关于智力概念的定义，心理学界是众说纷纭的。有人在一篇文章中讲，什么是智力这个问题，问一百个心理学家，准会有一百个答案。现在报刊上用种种方式给智力下定义的文章，可以说是车载斗量，让人眼花缭乱。这种形势对我们的影响，我认为，恰似武陵渔人要进桃花源时的情景：前一段仿佛穿过落英缤纷的桃花林，现在刚看得见隐约有光的小山口。凭借这些专家文章的光柱，我对智力理论悟出了一点东西，现在试说如下。

有一次我和一位民警同志交谈，谈到公安部门的一位领导干部的能力很强。这位民警同志说了句话，我印象深刻，他说："他头脑灵活，业务熟，办事利落又漂亮。"说得多好！不但说了什么是能力，而且说了什么是智力，以及智力与知识（业务）的关系，同时也清楚地揭示了智力和能力统一作用产生的动力。"头脑灵活"就是智力，"办事利落又漂亮"就是能力。如果这个认识成立，那就可以证明智力就是脑力劳动体现出来的能力。

智力属于能力范畴，是"脑力的能力""精神的能力"。这个认识可见于经典。恩格斯在《反杜林论》中明确指出"生产劳动给每一个人提供全面发展和表现自己全部的即体力的和脑力的能力的机会"，"由于劳动被分成几部分，人自己也随着被分成几部分。为了训练某种单一的活动，其他一切肉体的和精神的能力都成了牺牲品"。马克思在《资本论》第一卷中明确地把劳动力归结为智力和体力两个要素。他说："我们把劳动力或劳动能力，理解为人的身体即活的人体中存在的、每当人生产某种使用价值时就运用的体力和智力的总和。"根据马列主义导师的教导，我们长期以来自觉不自觉地、习惯地把人的劳动分成体力劳动和脑力劳动两大部类。能力不是抽象的，它是在劳动活动中表现出来、从脑力劳动中体现出来的能力。我认为这就是智力。它和体力并举，成为人的能力两大部类。孟子的“劳心”“劳力”“心之官则思”之说，实际就是这种分法。近代以来，心理学家在科学成果的帮助下，对人的脑力活动过程进行探索研究，揭示出智力是人的认识方面的心理特性，对它的实质、表现和结构做了描绘或分类说明。他们中的多数同志主张：智力是指以抽象思维为核心的综合的认识能力，包括观察力、记忆力、想象力、思维能力。这种认识能力是以知识为载体，靠知识而运行的，在运用知识分析问题、解决问题中体现出的能力。这种能力人人都具备，只是在认识问题的快慢、深浅、灵钝、正误等程度上显示出差别，即智力高低的差别。

这样在心理学的帮助下，我们认识到智力的本质，它主要包括观察力、记忆力、想象力、思维能力，是以思维能力为核心的心理能力。其体现形式，主要是运用知识分析问题、解决问题的能力。了解了智力的本质，我们就把握住了培养和发展它的方向和目标；了解了它的体现形式，我们就能把培养发展智力的工作具体化，有了着手处。这样，我们就在现有科学发展水平上，初步抓住了千百年来就感到它的存在、体会到它的重要而不能具体把握的东西。

所谓发展学生智力，就是指发展他们的认识能力。发展这种能力的最高要求，是发展创造性的思维能力，或称作创造力。

要培养和发展智力，就要从影响培养和发展的条件入手。这些条件是什么呢？这也是人尽皆知的老课题了。通俗地说，这个老课题叫作智力的形成和发展是天生的、遗传的，还是受后天的、环境的、教育的等因素影响？从理论上讲，即智力是经验范畴还是先验范畴的问题。说天生的、遗传的根据是，智力的高低是由脑的质量和脑细胞的多少等先天条件决定的。可是有很多客观事实可以驳倒这个论点。科学研究的结果表明，人脑细胞大约是140亿个，比海豚的脑细胞少得多，可是事实上人比海豚聪明。另外，许多知名的

大人物、科学家，如法国的拿破仑三世和德国哲学家康德，他们的脑质量是1 500到1 600克，比常人的轻；爱因斯坦的尸体被解剖后也证明，他的脑生理结构和平常人的一样。最有力的是对双胞胎的研究一再证明，他们先天条件相同，而由于所处的社会环境不同、所受的教育不同，智力情况和发展也不同。那么能不能说，先天、遗传对智力发展就没有影响呢？当然不能。智力的物质基础脑神经系统具有的解剖生理特点，如感觉器官和神经系统特点，具有遗传因素，叫作遗传素质。遗传通过素质对智力发展方向的影响是明显的。但它不是智力本身。智力绝不是脑的分泌物。但科研结果说明，这种影响存在着年龄特征，总的趋势是遗传因素对智力的影响，随年龄的增大而减弱。我在第一个专题中讲到中学生发展过程中的受力分析，在内因方面我讲的是中学生的实际情况，主要是讲在遗传所提供的发展的可能性变成实际的过程中的受力分析，是从环培教育、个人奋斗讲的。遗传素质这种影响在一般学生成长中（艺术人才除外），影响不大。一般的说法是，遗传和生理条件是智力发展的必要条件或前提。人与人之间的遗传和生理差异，就大多数人来说，不是太大的。马克思有这样一句名言："搬运夫和哲学家之间的差别要比家犬和猎犬之间的差别小得多，他们之间的鸿沟是分工掘成的。"（《哲学的贫困》）这是最有力的理论根据。历史充分说明，环境和教育是智力发展的决定性条件。大多数人素质差不多，其智力差别是环境和教育，特别是教育的结果。"狼孩"之所以有狼性，是他同狼有一段共同生活的经历造成的。只有在认识上明确这一前提，我们才能在培养和发展学生智力上有信心，才能作出努力。认为聪明是天生的，就不会去做努力培养的工作了。最近我接触到一些学生家长，他们举出许多事例说明了这个问题，居住在同院的孩子，在小学时是同一个老师教，学习成绩差不多，仅仅是考试分数一两分之差，升入了不同类型的中学，有的学生在最近的初一统考和重点校的模拟考中，分数达九十几分，思维能力有很大提高；有的学生进入一般学校，仅考了二三十分，对考查思维能力的试题，几乎束手无策。可见，教育和环境影响是重要的。拿古代来说，王安石写的《伤仲永》中的方仲永，看来他儿时是个超常儿童，因为缺乏良好的教育，后来是“泯然众人矣”！所以说，教育在智力发展中起决定作用。这种智力发展的理论是我们向教师提出要求的根据。

同一个学校、同一个年级的中学生，智力发展有没有参差？其原因是什么？这是儿童智力分布问题。据心理学家研究，儿童、青少年的智力分布，是统计学所说的“常态分布”，即两头小、中间大的枣核形。超常儿童占0.4%，智力水平非常低的占0.123%，其余是一般。超常儿童早被发现，选走了；现在在校（包括重点校和一般校）的学生基本上是一般的。但是，一般中也可明显地分出上、中、下的档次。这种档次是怎么形成的？能不能突破？近来我们研究学生情况，针对这个问题进行了试验。智力发展很好的学生是一类生，他们成绩非常稳定，什么时候考试都不会“砸锅”，你注意看，哪一次考试他们都很有把握。二类生对考试也有把握，但由于学习方法的问题、意志的问题，成绩不稳定。基本上行，一疏忽大意成绩就会掉下来。三类生的智力和水平是有提升空间的，但是，老师和学校认为他们要考好，恐怕得努好大一把劲儿。即有希望，但受限制。总结这几年的经验，我们提出，稳定一类，确保二类，猛攻三类。要把三类激上去。学生到了高二以后，这个档次还能不能突破？这是一个问题。我们学校在分析学生情况时，从四方面加以分析：意志、能力、学风、方法。四个条件综合起来分析，如果学风和意志这两条可靠，即使能力比较差，平时考试成绩也不错。若是没有这两条，就很可能“砸锅”。所以对这个档次的突破问题，怎么去研究，还是个课题。在讲到后面的问题时，再说一说我们的具体做法。

有一点需要说明，发展学生智力要从实际出发，实事求是，不

能等量齐观，不能“一刀切”。这是因材施教的客观根据。一刀切、一个模子、一个要求，那是拔苗助长。我遇到过两个例子：一个孩子考上某个重点中学，一入学就“走马灯”式地转起来了，不断地拔高，高难度，高标准，高理论，他的成绩一落千丈，最终没有考上大学。另一个和他的基础差不多的孩子，没有上重点中学，而是在普通中学就读，老师把着手教，循序渐进，不拔高，最后考上了一般大学。所以，有的家长找我们给孩子转学，想到重点中学来。我们就问他：你的孩子是什么样？别以为重点中学就好。一到这儿来，老是拔高，如果差点，把脖子都给抻“断”了。得注意，别让孩子受罪。当然，还有另一种情况，有些智力还有发展潜力的学生，能够拔上去。

（三）“双基”教学与发展智力的关系

这个问题，是个正在研究中的、有争论的、很复杂的问题，是在理论和实践上都需要进一步探讨的。所以，对于这个问题主要谈认识。我仅从学校现实的常规教学情况来谈谈自己的看法。

“双基”教学与发展智力的关系，目前有三种答案。一种说法认为，智力（能力）是掌握知识、技能的条件，即掌握“双基”的条件。它本身的形成同知识、技能的掌握无关，“双基”教学是智力的“磨刀石”。智力发展有它自己的规律，有它自己的进程。智力形成的发展规律不能从“双基”教学过程中去找，而应有它独立的、脱离“双基”教学过程的发展规律。这是“双轨派”。另一种说法是，“双基”是智力发展的基础，掌握“双基”就自然形成和发展了智力，即所谓“自然形成派”。这两派就现在教育战线的整体看是少数派。多数派是两者的辩证统一论者，叫作“统一派”。就是说，智力掌握“双基”的前提和条件，“双基”和智力的发展是矛盾统一的两个方面。我属于“统一派”。去年我校初步总结“双基”教学与发展智力、培养能力的经验时，我根据各学科教师交流的经验，总结了如下几句话，来概括“双基”教学与发展智力（能力）的关系：“双基”、智力孪生一双，相依为命，相辅相成；教学结缘，做成配偶，繁衍新知。下面我从三方面说明我的观点。

知识和智力的关系，首先从知识的掌握和智力的形成过程看，智力是掌握知识的前提条件，又是掌握知识的结果。没有常态的神经系统，不能感知、不能记忆、不能思维，当然就没有获得知识的前提条件。既说是前提，又说是结果，有没有先后顺序？这很像先有鸡还是先有蛋的问题。对于这个问题，我试着用皮亚杰的发生认识论来回答，错了请同志们纠正。皮亚杰认为，儿童智力是不断建构起来的，即在遗传的图式和环境条件交互作用下，经过同化、顺应、平衡而逐渐构成不同的智力等级或阶段。儿童最初的智力是感觉运动智力，即儿童仅凭感觉和动作来反映外界。儿童用他的神经系统的感受功能，在受到刺激时进行反应。这种反应能力，是初期的智力萌芽（原始智力），刺激产生的感觉是初期的经验（原始的知识）。儿童靠先天的生理的感觉器官这个条件、先天提供的生理基础，在外界即环境刺激影响下，实现了初步的智力，形成和知识的统一。这个外界影响，以刺激形式作用于儿童，经过儿童的同化、顺应、平衡的过程而成为初期阶段的智力。儿童通过刺激感觉产生反应，以适应环境。这里感觉功能是先天的，刺激、反应、适应是在感觉基础上同时发生的，这叫作智力和知识在原始阶段的同时发生。弄清了最初形成期的知识与智力的关系，算是突破了这个问题的难点。以后，智力发展了，逐步形成稳定的心理特性，成为获得知识的本领、获得知识的前提。知识掌握得越多，智力活动的背景越宽广，智力活动的思路越开阔，分析、综合、判断、推理能力得以不断加强，这不就是说明智力发展是掌握知识的结果吗？

再从知识和智力的运用过程看。知识靠智力来驾驭，取得活力；智力靠知识来运行，取得效应。以运用语文知识进行作文来说明。学生叙述或评论一个对象，光有关于这个对象的知识还不行，

必须能运用这些知识去分析这个对象，形成对它的认识，归纳出对它的看法观点，即形成对对象的中心思想，然后，根据表述的需要，运用逻辑和语文知识整理自己的思路，表达自己的思想。人人都应用这些知识，都按这样的思路来表达。可是有些文章立意新颖，境界高，用词高明，达意表情都很好，另一些就很平庸。这就是平常说的“运用之妙，存乎一心”。这个心，在这里可以理解为智力水平。这个实例充分说明，在认识过程中，知识要靠智力来驾驭。只有把知识用于实践，才能显示出知识的活力，同时也明显地表现出智力（即认识能力、思维能力）只有靠知识才能运行起来、体现出来，而在运用的拙巧之间，可见智力的高低，其他如解决数学、物理、化学之类的问题，更能明显地表现智力与知识这种“相依为命”的关系。所以，可以说实践中不存在离开知识而能体现的智力。

那么能不能说知识即智力，有了知识就有了能力呢？答案是不能。知识多少不等于智力高低，二者的发展也不是成正比的。有些知识很多的人，所谓“满腹经纶的书呆子”，其能力却很平常，相反，也有擅长发明创造、智力很高、知识却并不太多的青年人。这种差别能不能说明，知识和智力的发展，是你走你的阳关道，我过我的独木桥，是不相干的两码事呢？也不是的。智力、才能都是由知识转化来的。转化以后，经过积累，形成稳定的心理特性。知识能不能转化为智力、才能，决定的条件是知识的存在形式和掌握知识的过程。

在教学过程中，掌握“双基”与发展智力要实现统一的条件是，学生成为认识的主体，教学成为学生的认识过程。在掌握知识的过程中，智力能否得到发展，取决于教师是否明确地把握两者的关系，进而是否有意识地去培养学生。即学生通过智力活动去消化掌握的知识，把知识组织成结构形式，形成有思想贯穿起来的、有活力的、以有机体形式出现的知识，这样知识才能转化为智力和才能。否则，注入脑子的仅是散乱的、零零碎碎的、毫无生命力的形式的知识。这样的知识是不会转化为智力和才能的。所以，我们认为只有把“双基”教学与智力的培养发展，通过智力技能训练结合起来，在教学过程中实现统一，这样才能实现智育的任务。

（四）什么是智育，包括哪些内容，其互相关系怎样

什么是智育？我们都很熟悉毛主席关于我们的教育方针应该是使受教育者在德育、智育、体育几个方面都得到发展的教导。德育、智育、体育几个方面共同组成我们教育的内容。智育的任务是什么？它包括哪些内容？从上述知识与智力关系的说明中可以看出，智育是关于培养和发展学生智力的教育。它主要包括“双基”教学与智力培养两个任务。

教学是实施智育的主要方式和途径。智育和德育、体育一样，是通过教学来统一实现掌握“双基”和发展智力这两个任务的。所以我们不能把教学仅仅归结为和智育一样，也不能把智育看成就是教学，把任务和方式、途径混为一谈。这样会限制甚至混淆我们对智育、教学等概念的理解，降低通过教学促进学生全面发展的自觉性。

前面已经讲了“双基”教学与发展智力的关系，掌握“双基”与发展智力两者是“相依为命”、相辅相成的。不能把二者割裂，更不能对立。目前有一种说法，“现在‘双基’还落实不好，还谈什么智力发展”。或者说，“先抓‘双基’，行有余力再抓智力发展”。这都是不自觉的割裂论。“双基”教学不落实，正是因为没有通过发展智力去掌握“双基”。我们的教学指导思想必须明确掌握“双基”与发展智力的关系，使教学成为二者实现统一的过程。在教学过程中，二者无先后、主次之分，恰似生命与活体一样是统一的。这是一方面。另一方面，就智育的最终目的来说，最根本的是发展智力，培养能力。教学质量的高低，最终要用学生把知识转化

为才能的情况来衡量。正如列宁教导的，“我们不需要死记硬背，但是我们需要用基本事实的知识来发展和增进每个学习者的思考力”（《青年团的任务》）。

二、中学生智力发展的要求和现状

中学生智力发展的标准要不要有个一般的、原则性的要求？要不要有个发展水平的刻度？我认为这是个值得研究的问题，需要从理论与实践相结合的角度给予答复，否则会处于盲目状态。像目前有些情况那样，或者以某些科学家发展过程为标准，要求过高，脱离学生实际，结果导致教师产生如“烂泥巴做不了细瓷碗”之类的看法，放弃智力培养的任务，或者，处处是智力能力培养，“满山遍野的大豆高粱”，导致教师随自己的理解，东一榔头，西一棒子，工作如蜻蜓点水，抓不住主要方面，形不成系统，最终收不到预期的效果。

怎么确定中学生智能培养的要求呢？我认为要把人才培养对口、对路的需要和中学生实际发展的多种可能性结合起来考虑，从一般原则和培养的具体要求两方面来考虑。

（一）一般原则

关于一般原则，我认为至少有以下几条。

1.适应性原则

适应性原则包含两个方面：一方面要充分适应中学教育的培养任务；另一方面要适应学生的发展水平（包括潜力）。中学时期是普通教育阶段，它有双重任务：我国经济发展的状况决定在今后相当长时期内，高中毕业生仅有4%左右升入大学，初中毕业生随着中等教育的结构改革，大部分要进入各种类型的职业技术学校。培养中学生的智能，需要从学生实际发展水平和最大可能性出发，从适应我国社会主义四化建设的现实和长远需要出发，从中学生毕业后的出路、分布以及多种途径成才角度出发来考虑。

2.多边性原则

这主要是根据需要和学生发展的多样性来考虑，要不拘一格育人才，要多样统一。在一般能力的前提下，让各种才能都得到发展，培养具备多种才能的人才去为社会主义四化服务，从而也使每个学生充分展现他的社会价值。这是给学生树立精神支柱的重要一环。

3.实践性原则

我们关于培养中学生的理论和主张，是为社会主义普通教育服务的，提出的培养能力的要求，是一般教师能掌握的（当然要在心理学、逻辑学知识的帮助下），知道通过什么途径去实施，用什么尺度去衡量，用什么标准来检查的。

4.科学性和政治方向原则

智力培养的核心是认识能力的培养。认识的目的是为实践服务的，即所谓认识世界是为了改造世界。科学的思维方法是正确认识世界、改造世界的根本保证，是智力结构的中心一环。科学思维方法的理论基础就是马克思主义，这是智力培养的政治方向原则。政治方向、科学态度影响人们的聪明才智的发挥和发展，这一点是我们凭经验就能把握到的客观存在。

（二）具体要求

根据这些原则，在教育教学过程中，我认为学校各科教学要在结合本学科规定的技能、智能培养要求的基础上，抓好以下几项综合智能的培养。

1.独立获得完全知识的能力

这包括阅读自学能力和观察总结能力，是保证学生当前需要

的、将来通过提高学习能力和各种途径成才的最根本的一项综合能力。光有自学能力是不够的，没有完全的知识，知识转化为能力的程度是有限的。知识分子和工农干部要补上自己的不足，获得完全的知识，才能做到理论联系实际，具有分析问题、解决问题的能力。学生学习的主要内容是书本知识，这又必须结合实际来学，要向无字的书——自然和社会学，尽最大可能接触社会和自然实际去学，去获得完全的知识，增长智能。很多教师的经验说明了这种学习的必要性、可能性。如语文教师为了提高学生的读写能力，除阅读以外，还要指导学生去观察自然和社会。学生的感性知识丰富，体会深刻，这是培养读写能力的基础。理科教师要指导学生注意科技发展动态，鼓励学生自主设计并进行实验，提高学生对书本知识的理解力、接受能力，从而发展智力。这方面的经验不胜枚举。培养学生这种能力，将有助于他们在学习过程中就把自己的学习和社会主义建设任务结合起来。目前学生这两方面的能力都欠缺，主要是缺乏观察总结能力。对自然和社会情况，虽是自己常见常闻，甚至经历体验过，结果却是视而不见，听而不闻，抓不来，存不下，用不上。

2. 运用知识分析问题、解决问题的研究能力

这包括理解、把握现成的科学知识和创新能力两方面。毛主席一贯提倡学校教育要把注意力集中到培养学生分析问题、解决问题的能力上。这种能力的培养，有助于掌握知识和发展创新能力。布鲁纳的发现法说的“发现”就是要求学生通过自己的思维认识过程去获得知识，使学习过程像自己发现了真理一样，这才有助于学生的发展。当前很多教师和学生的经验说明，运用已有知识去分析和解决问题的方法，是掌握“双基”与发展智力的种子，种子往往在学习课题的过程中萌发。

这里，我认为值得特别重视、目前又被人们所忽略的一个重要方面，即培养学生运用社会科学的基本理论、基本观点去分析社会现象、分析政治领域中的问题的能力。因为缺乏这种能力的培养，有的高才生成了政治、社会问题上的“糊涂虫”。认识自然现象的思路清澈见底，认识社会现象的思路一塌糊涂。这种能力的培养，需要教师自觉根据各学科的特点对学生加以引导，进行教学。

3.认识真理性的判断和论证能力

这包括对文化科学知识的掌握运用结果的正误和对社会政治方面是非的分辨及论证能力（包含自然学科的实验论证能力）。这种能力的培养，对促进学生自觉掌握知识，自觉促进自身德智体全面发展，即朝着社会主义培养目标自我完善发展是非常重要的。在“双基”掌握方面，很多学生缺乏判断正误能力。有些学生常常在学习后表现得意扬扬，他们的判断标准是：听老师讲了，就认为会，能做出来，就认为对。是否真会、真对，他判断不了。而在社会政治问题上则常常是凭“感觉”“经验”甚至凭道听途说下判断，而不能真正弄清思想是非，端正自己思想认识的政治方向。

我把实验能力放在这里，是基于这样的考虑，实验是一种手段，它的目的是验证一个原理、一种假设、一种判断，所以它是论证的一种手段。

4.用各种方式表达自己思想感情的能力

这包括口头和书面表达，表达形式有语言、文字和图、物、动作等。不拘一格育人才，各种人才可通过不同的智力活动形式来表达自己的思想感情，所以各种表达能力都应在重视和培养之列。目前很多同志只看到了学生语言文字表达能力需要培养，其他表达能力的培养还没有受到重视。

以上四种综合能力，都是智力即感知、记忆、想象、思维等能力的全面发展的综合表现和具体落实；智力的上述各种因素，又是在这种综合表现中得到训练和发展。我抓住以上四点，目的是把智力的培养纳入党的教育方针的要求、培养目标的要求的轨道。这是根据目前关于智力培养所放的“矢”的“点射”“散射”情况，试立的一个“的”，以便把总结经验、研究讨论集中到一个目标，最大限度地求得共同语言。

三、中学生智力发展过程中的一些特点

从作用角度看，学校智育是发展学生智能的手段和途径。智力既是掌握“双基”的前提，又是掌握“双基”的结果。它是从“双基”转化来的。智育过程，实质上就是引导学生在掌握“双基”的同时促进其智力发展的过程。因此，要使学校智育科学化，达到高效率，就必须研究学生掌握“双基”过程中，促成智力发展的条件和反映智力发展客观规律的特点。

怎么去探索这些条件和规律呢?

第一，要在教育学、心理学、生理学理论知识的指导下，研究智力的发展过程，即研究“双基”教学过程中，怎样通过智力技能活动和通过怎样的抽象概括，将“双基”转化为智力。第二，观察和研究学生智力发展过程中反映出来的特点。在这些特点的启示下，研究什么样的教学过程、怎样的教学方法和学习方法，有利于智力的发展，有利于使“双基”的掌握过程和智力发展统一起来。

（一）怎样去探讨智力发展过程的规律

1. 推动智力发展过程的矛盾的研究

智力的形成和发展是一个过程，它就和其他一切发展过程一样，是一个矛盾运动，是矛盾斗争推动的。智力发展是随着学习而开始、而展开的，推动学习发展的矛盾和推动智力发展的矛盾是同一的。关于这个问题的认识，我同意赞可夫的观点。赞可夫认为：儿童智力发展的根本源泉是认识活动的内部矛盾。也就是说，儿童自觉觉察到的知识链条上的脱节，自觉觉察到的“知与不知”的矛

盾，由此形成了他自己认识的需要，即内在的求知欲，从而推动儿童连续的认识进程和智力发展过程。通过观察智力发展较好的儿童，我们感到实际情况与赞可夫这个观点是相符的。我们对幼儿园、小学的情况做了些调查，情况是这样的：一些能力发展好的学生，他们的家长向我介绍他们的情况时，几乎都谈到孩子具有喜欢提问题的特点。从他们提出的问题可以看出，都是和自己已有的经验进行比较（当然不是自觉地比较）后，感到“矛盾”而提出的。这些孩子随着年龄、知识、智力的增长而提出问题，动机非常明显，是由于感到自己的知识结构中存在薄弱环节或脱节现象，推理过程中出现了矛盾，或者是感到认识任务与自己知识的矛盾，等等。在这种知与不知的矛盾感的推动下，表现出强烈的求知欲和强大的学习动力，提出一系列需要探索的问题。随着这些问题的解决，知识逐步走向完善，智力逐步得到发展。和这些学生的表现相反，智力发展不好、不能在理解的基础上掌握知识的学生，缺乏知与不知的矛盾感，提不出问题。他们靠死记硬背来形式化地掌握知识。在他们看来，学习的知识都是没有问题的现成结论。因此，提不出问题，不能形成认识活动的内部矛盾。既然学生认识活动的内部矛盾及求知欲是智力发展的动力，那就可以把它看作是发展学生的智力要抓的起点和重点。

2.智力构成的因素及其总体的研究

智力是感知、记忆、想象、思维、实践等诸因素构成的整体。各因素的发展促进整体发展，整体的发展又促进诸因素提高，从而形成量变到质变、低级到高级的发展过程。例如，记忆就是由机械记忆而发展到理解、逻辑记忆从而提高到记忆能力水平的。思维的抽象概括能力，又是从直观形象水平到形象抽象水平再到本质抽象水平逐步提高的。我们研究这些智力因素发展的客观规律，促进其发展时，应从总体上去把握和促进它的发展，从量到质，从一个发展水平阶段，发展到又一个发展水平阶段。这是因为智力结构中的

几个基本能力是相互联系、相互制约的，是作为一个整体而发挥作用的。这几个基本能力的关系，有人把它们比喻为：感知能力是智力结构的门户，记忆能力是智力结构的仓库，思维能力是智力结构的心脏，想象能力是智力结构的翅膀，实践能力是智力转为物质力的转换枢纽。没有孤立存在的智力因素，所以要从总体结构上去把握它们。现在报纸杂志上发表的这方面的经验文是很多的。我认为，研究探索这方面的规律，在指导思想方面，需要从总体上，即从智力发展的总体和各因素的相互联结上去突破，去推动。如培养和发展学生的感知观察力，就要指导他们运用自己的思维观察，在观察时要通过分析去把握感知对象的特点，然后用综合感知的印象，去把握感知对象的本质等。否则，学生光用眼、耳、鼻、身等器官去感知，没有运用思考力去指导感知，即使根据教师要求看到、感受到了一些东西，那也只是表象，形成不了感性认识，感知过程也很难促进智力发展。此外，还要考虑不同年级中学生的知识水平、年龄特征以及各学科的特点，找出循序渐进的智力发展的“序”来。

3.从“双基”到智力的转化条件及其客观规律的研究

智力是在掌握“双基”的过程中形成和发展的。但这个过程不是自发的、自然的，它是有条件的，是通过组织得合理的“双基”教学实现的。目前很多心理学家采用苏联的加里培林学派的“智力活动按阶段形成理论”来说明这个问题。

简要概括地说，“双基”转化为智力，关键条件是：在传授知识、技能的过程中，要形成掌握知识、技能所必需的智力活动方式，培养训练智力技能，即培养训练感知、记忆、想象、思维等技能。在“双基”教学过程中，要引导学生通过智力活动的方式，运用智力技能去真正掌握“双基”，提高“双基”掌握的水平，通过“双基”的不断概括化、系统化，促其“广泛迁移”，使经验概括水平不断提高，应用的覆盖面不断扩大（即分析问题、解决问题的能力不断提高，能说明、能解决的问题越来越多，越来越广泛）。这样“双基”就转化为智力了。我们通过自己的实践去具体把握“双基”转化为智力的规律，需要抓住“广泛迁移”的形成条件这个关键环节。

要研究和把握智力发展过程的客观规律，主要的是需要进行实验。在日常教学活动中，研究智力发展较好的学生反映在学习过程中的特点，对我们研究“广泛迁移”这个问题是很有帮助的。

（二）智力发展较好的学生反映出的一些特点

1.对学习任务认识的自觉化、深入化

从智力发展较好的学生对待学习任务的思想看，大体经历这样的发展阶段：开始时和大多数同学差不多，完成学校安排的教学进程和教师布置的学习任务。当他们萌发对某一门学科的学习兴趣以后，学习任务的观点就发生了改变。为掌握有关这门学科的知识，有的力求把有关这一学科的知识系统化起来，头脑中形成系统结构，再经过钻研，入了门，进一步发展对这一学科的兴趣，以钻研和把握这门学科中某些专题或分支作为自己的学习目标。思想上有了一生努力的初步志趣，个人的理想也随之而具体化了。

2.学习方法从积累知识转到重视治学

从目前中学生的学习状况看，大体分为三种情况：第一种是少数学生着全力于听懂（实际是明白）教师讲的是什么，达到大体听明白就算最佳收获状态。第二种是大多数着力于听出内容的来龙去脉，真正了解教师讲的内容，懂的标志是能按照教师讲的顺序复述知识内容。这是记忆水平。旁观者一眼就可看出，这样的学习主要是记忆之功，运用了记诵学习法，着眼点是增加自己的知识库存。第三种情况就不同了。用这种学生的话来说，就是听课不仅要听教师讲什么，而且主要抓教师的思路和处理问题的方法，通过掌握思路和处理知识的办法去掌握知识，把知识驾驭起来。课堂笔记他们

做得很少，总是集中精力听讲。他们做的一些笔记，也不是教师板书的“拍照”，而是理出一条抓知识、驾驭知识的线索，先复习后作业，重点放在复习上，先想后做，做是为想服务，通过作业把知识系统化，把运用知识的思路开阔起来，将知识转化为能力。这种学生的特点是随着听懂也就想懂，随着学会也就会学，能通过“双基”的掌握，通过总结掌握和运用“双基”的经验，不断完善自己的思路，提高自己的思维能力，即智力。实质上，就是把学习过程真正变成自己的认识过程，通过总结认识实践的经验，不断完善自己的认识能力。这也是智力发展过程的重要特点。

3.掌握知识的性质从“分子体”发展到“有机体”

智力发展处于较低水平的学生，靠死记硬背来掌握知识。他的知识只能是“散装的”，在脑子中存在的状态是物理学上的“布朗运动状态的混浊体”。智力发展较好的学生，通过全过程智力加工得来的知识是系统的，是从点到线，从线到面的。这种状态的知识是“有机体”的知识，运用起来开得动，能根据认识任务的需要，既能分进，又能合击。这样学生就有了自己驾驭知识的能力。他们意识到，这样掌握知识才能将知识不断地转化为能力，从而获得智力的发展。

4.知识获得的渠道从课内为主扩展到课外为主，自学知识的范围从课本扩大到广泛的课外阅读

一个智力发展较好的学生总结他的学习经验时说，随着学习兴趣的日渐浓厚，自己吞纳知识的胃口也增大了，变成了吸水的海绵，总是不断开辟自己求知的途径，扩大自己的知识领域。课堂学习只起启发思路、指引学习方法的作用。自己掌握知识是通过更广阔的“第二战场”——课外阅读。的确，许多学生由于智力得到了很好的发展，他们的求知欲很旺盛。表现自己才智、发展自己智能的阵地往往放在课外学习和实践活动上。人大附中的教师介绍，他们学校许多智力发展较好的学生，每人的课外读物都有七八本。当然这七八本书都有一条线索来贯串，由教师来指导阅读。课堂知识远远不能满足这类学生的需求，因此在课内课外形成了向知识堡垒进攻的“里应外合”“分进合击”之势。

5.学习动向，从模仿转向独创

智力与知识得不到统一发展的学生，运用知识特点几乎全是靠公式、套例题，解比较复杂的综合题则靠套同类题的路子。智力发展较好的学生，往往表现为运用知识来分析问题，通过分析寻找解题的路子，并且在明确题意和解题要求后，能进一步设计多种解题思路，有“一题多解”的能力。自己常常独创解题思路，甚至从新的思路中发现知识间的新关系，归纳出新的方法。最近，我校一名高二学生在看了一本课外数学小册子中的一个典型题后，自己重新提出列式方法，得出了新看法，经数学教师鉴定，该方法可以成立。这说明他在知识面前是一种进攻姿态，不是光理解掌握就行了。这是个独创的典型例子。

6.学习态度从靠老师教发展到主要靠自己学，并且能把自己的学习过程作为探索研究对象，不断加以完善，真正体现自己是学习的主体

智力发展较好的学生的共同特点，最明显的是学习的高度主动和自觉。学习主要靠自己，解决问题主要靠自己“憋”，不轻易求教老师和同学。随着智力的发展，在学习过程中，靠自己学已占据主导地位。这体现在有自己的严密的学习计划，在学习进程中，按照自己的学习计划走。

以上是我们通过观察智力发展较好的学生发现的共同特点。这可不可以叫作带规律性的东西？我们可以进一步研究：把这些特点统一起来的是什么呢？即这些特点反映的是一个什么样的矛盾运动？掌握了这个矛盾运动，就可以掌握学生在学习过程中智力发展的本质和规律。

（三）影响智力发展的其他因素

上面是从教师教学过程中、学生掌握“双基”过程中，看到的学生智力发展表现的共同性。同时，我们还看到其他一些不可忽视的起作用的因素。一个学生的智力发展也是一个复杂的过程，好像操作机器那样，除操作工序以外，还有动力系统、控制系统。我们在智力发展比较好的学生的成才过程中，还看到以下几点重要因素。

1.动力

学习的动力是以认识兴趣为主的、随着年龄增长而逐步增强的“精神力量”，即学习的远大目标，是智力发展的精神推动力。所谓高尚、远大的目标，产生巨大动力，在中学生中以认识兴趣为重要基础。有了认识兴趣，才有自己的认识过程，进入认识过程，才能真正开动脑子这个机器，脑器官也是受“用进废退”的规律支配而发展的。

2.意志力量

很多智力发展较好的学生，都有克服困难、持久思考、不解决问题誓不罢休的毅力。我们研究了一个初二学生，他的家庭经济困难，父母总想让这个学生早点去工作。这个孩子很有志气，坚决不顶替，坚决要上大学。他原本学习不是很好，受了不少挫折。到了一中之后，在老师的指导下，成绩很快赶上来了。我们找到他的妈妈，请她谈谈这个孩子有些什么特点。她想了半天说：“我就感到一点，这个孩子很顽强。”我们了解，许多孩子都是不解决问题不罢休。意志正是通过这种毅力在起作用。智力发展同样是这些在学习上不畏艰险的学生所花血汗的报酬。

3.学习作风

智力结构是一架精密仪器。智力品质的优劣也表现在精确、精细上。在智力发展过程中，要培养严谨、严格的学习作风，使智力得到很好的发展。在研究过程中，我们发现有些学生基础好、智力好、学风也好，这是上游。同样也发现一些学生智力好，态度也不错，但学风不行，在学习成绩、考试分数上常常难居上游。所以学风是保证这架“精密仪器”铸成的重要因素。

4.精神状态和思想方法

精神状态和思想方法对学生智力发展起到很大作用。有些学生思想方法不灵活，不科学，钻牛角尖，智力发展会受到阻碍；还有些学生精神状态不好，心情不好，智力发展也受影响。实际上精神状态和思想方法是世界观问题。中学生处在世界观的形成期，他们常常因为世界观没有最终形成，由于某些思想观念的影响，而心情不好，精神不振，甚至意志消沉。这样的精神状态，这样的心境，一定会抑制他们的智力发展。智力必须在兴奋、活跃的精神状态下发展。哥白尼曾经说过，他在天文学上的思想，都是在他那种“不可思议的感情高涨和兴奋中”产生出来的。智力发展较好的学生，一般都是雄心勃勃、精力旺盛、情绪饱满的，对知识对问题有着一种明显的进攻态度。同样明显的是，学生思想方法不对，形而上学、片面性，都妨碍智力发展。

5.健康状况

健康的体魄对智力发展的影响是不言而喻的，此处就不啰唆了。

这些现象，从另一侧面为我们科学地进行智育提供了根据。据此，考虑学校智育的思路应该更广阔。一个是要研究与学生智力发展有关的各种因素并认识它们的作用，考虑和处理好学校教育与这些因素的关系；另一个，也是主要的，是把“双基”教学和学生智力发展统一起来。

四、中学智育的几个问题

打开智育思路，考虑智育思路，是中学智育的两大主要方面。下面主要讲这两个方面的一些问题。

（一）中学智育要研究处理的几个关系

1.发展智力与全面发展的关系

实际上学生是作为一个整体在发展。他在学习时，个性心理系统在起作用，生理系统也在起作用，可以说学生学习是身心的总体战。发展智力、培养能力，不进行德智体全面发展，智育的任务必然要落空。所以，学校要考虑智力发展与学生全面发展的关系。这一点我们是有惨痛教训的。有的学生拼命想考上大学，为了分数而奋斗，别的一切都不顾，把身体摧垮了，前功尽弃。这样的学生在许多学校都存在。我们看到，不少学生原本学习很好，智力发展也不错，但由于题海战术，在考试的苦海里他们受尽折磨，最终弄得身心疲惫，学习兴趣减退，出现了腻学、忌学和拒学的情况。我校去年模拟考试时，有些学生考三百分以上，成绩不错。后来不堪题海和考灾的折磨，思想情感出现变化，一提考试就反感，谈题色变，谈考色变，整个学习兴趣被摇垮了，视学习为畏途。由此，我们深切感到，必须在德智体全面发展的基础上，来考虑发展学生智力。另外一方面也要看到，如果智力发展得很好，也能促使学生全面发展。这是个辩证关系。我们常说高质量、适当负担是促进学生全面发展的关键。基础还是发展好智力。智力发展不仅必须放在德智体全面发展的体系内，而且还要用智力发展促进德智体全面发展。我们把减轻学生负担和提高质量统一起来，关键是发展学生智力、培养学生能力。

2.课堂教学与课外活动的关系

学生的智力发展，首要的靠课堂教学，即课堂教学是施教的主要形式。这是因为学生的统一发展，主要靠教师的主导作用，教师掌握学生认识的发展规律和教材结构规律，把两者结合起来，运用到自己的教学过程中，引导学生掌握知识，才能发展智力，这是主要途径。但是另一方面，我们看到，课堂教学主要是给学生提供学习的示范，它的作用只是引进门，是教学生怎么去学，交给学生打开知识宝库的钥匙。但学生的智力发展，主要靠他的独立思考、独立研究，靠他自己磨炼，靠广阔的用武之地去磨炼他的智力。这一点，是我们重视学生课外活动的重要根据，是课堂教学和课外活动的重要根据，是课堂教学和课外活动相结合的重要根据。课外活动不光是开阔学生的眼界，拓宽学生的知识领域，更重要的是，课外活动常常使学生的兴趣得到发展，意志力得到培养，知识的储备量得到增加，智力水平得到提高，有助于其对课堂知识的理解和掌握。很多教师提出：学生理解课堂知识，如果对所学的书本知识内容有实际感受，有直接经验，即有感性的理解（注：市一中普遍实行了课前预习制），掌握课堂知识就容易得多。所以有的同志讲，学生发展智力，像攻克知识堡垒，课内课外同时发生作用，课内“攻坚”，课外“扩大地盘儿”，“里应外合”“分进合击”，便于攻克知识堡垒。这就生动地说明了课内学习和课外活动的关系。

但是，课内教学与课外活动究竟是个什么关系呢？我们经过思考，简单地把它归纳为这样几句话：学习内容上的深广度的辩证关系，教学方法上的教师主导作用与学生生动活泼地学习发展的辩证关系，统一要求与因材施教的辩证关系，贯彻全面发展教育方针与个性发展的辩证关系。我们认为，学校的课堂教学和课外活动是相辅相成的。可以说是全面完成教育教学任务的两条腿。目前，有些教师常常忽略课外活动这个阵地，形成了对学生进行智力教育的跛腿现象。

3. 教学上的严格要求和管理与学生生动活泼主动发展的关系

今年2月15日，《参考消息》刊登了一篇日本《朝日新闻》的社论，题目叫《争取成为学习国家》。中心思想是说日本的学校教育与外界隔绝，难以发挥学生能力。其中，提出了这么一个看法：由于学校教育体系化、规范化了，所以每个学生的能力、适应性和个性难以充分发挥。这是涉及管理与发展关系的问题。当前，在我们的学校，在我国教育界也有这个看法。我们整顿了学校秩序，加强了教学管理，在学生完成学习任务的各个环节，完成工作任务的各个环节上，都制订了规范化要求。有的同志担心这样会不会对学生学习限制过死，妨碍学生生动活泼地主动发展。我们的要求很多，规格、程式、步骤、表达方式、用语等，都规范化了，都做了规定。一丝不苟地按这些要求训练学生，会不会妨碍学生个性的发展？我认为这确实是个很值得思考的问题。要处理好这个关系，不然会把小孩子教育得很刻板。据说目前有的小学由于训练过于机械，要求太死板，造成小学生思想僵化的局面。我感到这是很严重的问题，值得高度重视。我常想和从事小学教育工作的同志座谈，提一下建议，小学教育要把学生培养得生动活泼点，调皮一点也没有关系，但要形成两个习惯：一个是学习习惯，读书习惯，一个是思考习惯。具备这两个习惯的学生到我们学校来，我表示欢迎。分数差一点也没有关系。

对于中学教育，这两者的关系要如何处理？①划清两个要求的不同对象的界限。所谓严格要求、严格管理，主要是指学风要严谨、学生组织和表达自己思想认识的方式要合乎逻辑。这是学校管理上、学生训练上的要求。生动活泼，主要是指学生分析、解决问题的思路要活。管理不要发展到给思路定形。解应用题一什么、二什么、三什么，因为什么讲什么，没有什么求什么，摘些四言八句，使思路程式化，这不行。要让学生思路活，让学生“异想天开”。教师不要怕学生思路一活就可能离开课本，无法控制。管理上要培养学生“四实”作风，做人要老实，学问要严实，工作要踏实，作风要朴实，但是思想要活跃。要划清界限，学风上严格训练，思路上鼓励活跃。把两者恰当地统一起来，这样才能促进学生在智力深度、广度、灵活度和准确度上的发展。这是个完整的智力发展。②教师要自觉地把尊重学生独立思考的权利（这是主导方面）与自己对学生严格要求、严格管理、严格训练恰当地结合起来。把思路搞活是重点，这是教师的教学艺术，是本领。老师要时时处在疏导帮助的地位，别当盖子，不能堵塞，不要把学生限定在自己设计的思路内。这是教学民主的很重要的内容。

4.学生集体与个体的关系

集体对学生的发展起着相当重要的作用。学生在集体中学习，他的发展是受集体影响的，学生集体的素质和活动对学生个体有强烈的影响。在一个学风好、钻研劲头足、上进心强、争论空气浓烈的班集体里，学生智力能得到良好的发展。我的一位战友谈到他的孩子考入重点校后，和在原校时的智力发展比较，变化是有个过程的。开始他从一个尖子生变成了一般生，和尖子生讨论问题时插不上嘴，经过几个月，这个孩子受到这个班集体学风的熏陶、感染，通过和其他同学切磋，讨论能插上嘴了。通过讨论解决学习中遇到的问题，总结心得体会，智力得到了很大发展。我在最近这一期《招生专刊》上发现一则材料，去年高考文科第二名鲍震培同学谈体会时说，同学间“两人互问互答，互相纠正，相得益彰，而且自尊心会促使自己把忘记后又经人提醒而想起的东西记得更牢”。这是在班集体同学间讨论学习中自尊心对他起的作用。

我们学习南开中学的经验，深有体会。南开中学的一个学生来我们学校介绍经验时讲道：南开中学班集体里学风很浓，每个班总有十来个学生骨干，把整个班都带动起来了。原本智力发展较慢的同学受到刺激，受到影响，也积极努力，智力发展很快。我们学习南开中学这个经验，也在班集体里抓学生骨干。一个班通过这些骨

干一带，在集体中就出现了“鳔劲儿”，这么一鳔，把一个班就带起来了。这是建立班集体的重要原因。因此，要把建设班集体的智力结构作为一个因素来考虑。最近，有些家长提出一个观点，我觉得很有参考价值。他们说，为什么都愿意把孩子送到重点中学？因为在这样一个学习环境里面，学风好，学生相互切磋，使学生的知识、智力、学风都能得到良好发展。我们想，是不是重点校把学习好的学生都抽走了，使一般校受到了影响？问题不在这里，问题在班集体的建设，学风的培养，学生骨干的培养，学生彼此切磋的风气，要把这些当作一个很重要的内容来抓。北京有这么个学校，原本几乎是兜底校，就是抓了班上的学风建设，学校的学风建设，所以这个学校教育质量迅速提高。我们应该承认学生有可塑性，发展中的学生，特别是在初中这个阶段，初中到高中这个阶段，要抓好了，他们还有很大的发展潜力。

5.其他一些关系

如学校领导班子的智力结构、教师集体的智力结构、良好的教材和教学设备及学生发展水平，这些条件相互适应，也是学生智力发展的重要条件。我们说，五优对号，质量就能很快提高。“五优”指学生优、教材优、教法优、设备优、教师优。特别是以学生优和教师优为主。这样几优对号是学校教育取得高质量，学生智力发展取得高水平的根本条件。

总之，学生智力发展是个多因素、多环节、多层次的动态发展过程。这是我们进行智育的总的出发点。因此，我们要把发展学生智力的思想，贯彻到学校教育工作的各个方面，贯彻到各科教学及各教学环节中去，使学校成为发展学生智力的操场（或者叫作园地）。

（二）教学过程中“双基”教学与发展智力的统一实现

首先要说明，这个问题我们学校正在探讨中，认识还停留在感性阶段。下面谈谈我对这个问题在认识上和实践上的一些体会。

1.明确三个认识问题，端正“双基”教学与发展智力统一实现的方向

（1）什么是智力发展，怎样通过教学去发展智力

多年来人们形成了这么一个印象：发展智力意味着教学内容和习题的高难度，甚至给学生设智力迷宫，引导学生去抠偏、怪、难题。我认为这是不正确的，是发展智力的邪门歪道。智力发展对教学的要求不能这样理解。我体会，发展智力主要包括两方面含义。

其一，是指提高学生智力水平。如前面提到的，把记忆从机械记忆提高到理解记忆再到逻辑记忆，思维能力从形象思维、经验思维提高到逻辑思维、抽象思维等，从而把学生的智力结构水平提高到更高的阶段。

其二，也是主要的，是指使大脑的四个功能区，即感受区（从外部世界接受感觉）、贮存区（收集整理感觉材料）、判断区（评价收到的新信息）、想象区（按新的方式把各种信息结合起来）得到综合、平衡的发展，使智力得到全面发展。

我认为，以上两方面是发展学生智力对教学提出的要求。钻偏、怪、难题是把掌握“双基”与发展智力对立起来的反映，实际上违背了智力发展的规律，结果是两落空，摧残人才。

（2）什么叫统一实现，在什么基础上才能统一实现

前面我讲不能把掌握“双基”与发展智力割裂开来、对立起来，说什么“先顾‘双基’，行有余力再考虑发展智力”。我理解，统一实现的理论根据，是智力是由“双基”转化而来，又是掌握“双基”的前提和条件。具体实现，是“双基”教学与发展智力要毕其功于一役，即把教学过程作为“双基”教学与发展智力统一实现的过程，在教学过程的各个阶段，如感知教材、理解教材、应用知识的技能培养等阶段，都要同智力培养结合起来，统一起来。

统一实现的基础是什么呢？我认为，其一是学生真正成为认识

的主体，真正进入了认识过程，他在开动脑筋，开动机器，去理解、消化知识；其二是学生在掌握知识、技能的过程中，运用相应的智力技能（如掌握概念时，他正确运用了抽象概括技能），智力技能得到培养与训练，并且随着“双基”的积累，通过总结和概括实现广泛迁移，实现智力发展。

这个统一，是与学生实际发展水平的统一，与教材实际相适应的统一，是学生水平、教材实际、教学要求三者平衡基础上的统一。否则，三者失调，失去平衡，不但谈不到统一的实现，而且整个智育任务也会落空。现在有不少同志对备课提出要求，不仅是备教材教法、习题等，而且要研究教材提供的发展智力的因素，要模拟学生的思路，要进行思路“彩排”等。总之，是力求抓住教材结构的规律、学生思路的规律，两个结合起来应用于教学过程，从而科学地组织教学过程，使教学过程科学化。这是统一实现的基础。

（3）统一实现的方法体现问题

一提到教学过程中发展学生智力，从习惯上很自然地会想到启发式教学，联想到课堂教学上提问的人次。因此，习惯地认为师生对话越活跃，课堂提问人次越多，启发性越强，越能体现发展智力的要求。我认为，这种说法没有抓住发展智力方法体现的实质，“双基”与发展智力统一实现的方法体现，基本的特点是教师教学生怎样学，把学生引进认识过程后，教师当好思路导演。它的对立面，就是教师对学生实行知识注入。所以要从改变注入式教学入手。注入式也有单调注入和花样注入两类。我看到过一种充满了课堂提问的注入式教学方法，其特点是教师按照教材中标题内容的顺序机械地提问，学生按照教师的要求从课本上寻章摘句地回答。学生没有开动头脑机器，没有进入认识过程。

2.转变教学思想，自觉实践，总结经验，逐步建立“统一实现”的教学体制

在教学实践中，“双基”教学与发展智力怎样统一实现，是个复杂的、多因素的问题，统一实现的状态也是多层次、多水平的。它受教材、教法、教师水平、领导水平、学生基础以及社会影响所制约。下面我就根据现用教材、教师水平（包括教育理论、业务能力）和我校两年来的教学实践经验，谈几点看法。

（1）必须改变传统的教学思想，改变智育就是传授知识的认识

学生是学习的主体，学习过程是学生自己的认识过程，教学是教师教学生学，教给学生怎么去学。在课堂教学过程中，教师要以学生为学习主体，以抓学生思路引导为主线，在此基础上发挥教师的主导作用，即教师在调动学生积极性、将书本知识转化为学生自己的知识、又将知识转化为技能、再进一步转化为智力能力上起主导作用，教学目的是促进学生智力、情感、意志、性格、思想的全面发展。教学体系是在这些基础上建立起来的。教师在这些教学观点指导下，设计和组织教学全过程，才能实现掌握“双基”与发展智力的统一。为此，必须破除教学就是传授知识，就是教师讲学生听、教师灌学生装的传统教学观点。两年来，我们把这项任务叫作抓“一转变”。实践证明，要实现这个转变，光靠号召、讲“知识爆炸”、讲“提高质量的保证”的道理不行，提出有力论据、进行说理斗争也还不够。不是教师不接受这个观点，而是不能真正转化为教育思想。1979年，我们在初步整顿教学的基础上，提出通过发展学生智力、提高学生能力，实现提高教学质量的要求，并制订了计划，还以校友的成就为实例，号召恢复一中重视培养学生自治能力、自学能力的好传统，又在总结近年来的经验的基础上，以学生的意见为根据，讲了发展智力、培养能力是适应知识爆炸形势的要求、提高质量的关键的道理，同时制订了减少考试次数、抵制题海战术、保证不占用学生课余时间、把学习主动权交给学生的种种措施。但实际上，这些东西和教师的思想“顶牛儿”。去年上半年，在研究当时毕业班学习情况时，有的同志说我们“贻误了战机”，“对现在学生的思想问题认识不足”，学生是“不压不学，不

讲不会”，择优录取来的也不例外，提高质量就得靠拼、靠鳔。这就是说，在转变思想的第一个回合里，我们没有取得成果。去年下半年，我们在总结指导学生学习方法的经验时，提出了运用“两先两后一总结”的学习方法的学生取得较大进步的大量事例，要求教师把指导学生学习方法纳入课堂教学，在学生预习的基础上讲课，并把指导和检查学生预习、复习、总结作为教学任务。推动教师去把握学生的知识、思想接触点，把教师的注意力开始从课本转向学生。我们以将抓学习方法指导纳入教学过程为突破口，推动了教改。这是思想转变的第一个突破口。教师思想上形成了一个教学要求和适应之间的矛盾。这就激发了教师要了解学生、研究学生的愿望。接着我们因势利导，以抓好学生学习规律、实现教学科学化为主题，组织教师把教学研究、理论学习与教改实践结合起来，把转变教学思想引向深入。现在，我们正向纵深发展，得到些实效。

在初步实现一个转变的基础上，我们深入教学过程，狠抓“双基”、智力统一实现的经验总结。校长、主任学习教育理论，紧密结合教师的经验总结，认识有一定的提高，初步收到一些实效，就向教师讲自己学习教育理论的体会，借以推动教改。因此，教师过去常说的“五怕”也不见说了，初步尝到了一些甜头，初步认识到这是个新的教学体系，要在这个基础上去把握教学工作。

（2）掌握“双基”与发展智力统一实现，课堂教学方法上的几点要求

有些教师接受“一转变”后，经过实践，总结经验，在方法上体现出一些特色。这些教师的经验说明，把教学作为掌握“双基”与发展智力统一实现的过程，一定要有三个全面发展兼顾的指导思想，即德智体全面发展，力、情感、志、性格全面发展，智力本身全面发展。在语数理化学科教学方法上要强调对学生做到以下六点。

①激其情，奋其志

教师要注意激发学生的学习热情，要激励学生的学习意志，课

堂上要使学生始终处于情绪饱满、积极进取的状态。为此，教师要不断地提出思考目标，鼓励学生做尝试，特别要注意鼓励那些智力发展不太快的学生尝试回答问题。一位教师深有体会地谈到，有一次，由于怕赶不上教学进度，在一个智力发展不太快的学生回答问题时，感到他回答得很慢，便中途让他停止了，致使这个学生整堂课都垂头丧气，思维处于抑制状态。事后，这位教师很自责，并将此事总结为教训。许多教学效果较好的教师，都自觉不自觉地激发学生回答问题的积极性，对学生的回答热情给予鼓励，并在教学过程中贯彻始终。

②启其疑，导其思

思考过程，从问题开始，问题的起点是疑。有经验的教师，把善设疑作为组织教学过程的关键环节来抓，把教学过程变成一连串的发现问题、分析问题、解决问题的过程。设疑的方式很多，要领是做到使学生能由疑到思，对所学的课题能“入境”，像演员演剧一样，“进入角色”。学生开始思考、探索时，教师的作用就是做他们的思想向导，当学生感到山重水复疑无路时，给予指点达到柳暗花明又一村。

③教其知，授其法

梁启超说过这样一句话：“教员不是拿所得的结果教人，最要紧的是拿怎样得着结果的方法去教人。”（《教授法》）我们教育工作者有句口头禅——教师在传授知识时，必须交给学生打开知识宝库的金钥匙。也就是说，教知识时，重要的是教授获得知识的方法。讲到某位科学家得出定理、定律时，教师总是把学生引导到科学家发现定理、定律的起点上，然后沿着科学家的路子，引导学生去思考、探索，把科学家发现定理、定律的情形复现给学生，使学生掌握其思考和探索的方法，让学生重历一次科学家的“发现”过程。教学的最终目的是使学生掌握知识的处理方法，从而去透彻地掌握知识。

④显其错，正其本

学生在学习过程中常常会暴露错误，教师要把错误点、错误形式原封不动地展现出来。怎么对待学生的知识错误？有经验的教师绝不就错论错，而是把错误的根源暴露在大家面前，让学生通过自己的分析去“正本清源”，达到既纠正错误，又增长智力的“一箭双雕”的目的。我校有位名师，他教学上的拿手好戏叫作给学生“设圈套”，让学生“中计”，然后再把他们“拯救”出来。经过从错误中挣扎出来的过程，又自觉总结了经验教训的学生，掌握的知识既牢固又灵活。当然，这种方法并不适用于所有学科，还要具体问题具体分析。

⑤广其知，增其能

在注意发展学生智力以后，很多教师都体会到这样一个道理：凡是见识广、知识面宽的学生，思路都比较灵活，求知欲都较旺盛。因此，教师要通过课堂这个知识走廊，把学生引向知识的广阔天地，把课堂教学和课外阅读联系起来，指导课外阅读，教师的教学阵地一定要开辟“第二战场”——课外阅读。要把学生引向“第二战场”，引向大自然，引向社会。引导学生多观察、多收集、多整理、多思考，充实自己的知识库。学生自己的知识库，是他智力发展的“武器库”，也是教师“双基”教学与发展智力统一实现的广阔背景。这是我校教师总结的教学经验。

⑥倡其辩，砺其锋

鼓励学生之间就不同见解展开辩论，磨炼思考锋芒，这是学生智力发展的激素，也是检验学生认识能力的好办法。有的教师注意在课堂上引导学生就不同见解、不同解题方法展开辩论，有的学科发展到让学生写小论文，宣读小论文。用这些形式开展答辩活动，效果都不错。学生大有“书到用时方恨少，辩论常使思路清”之感。

这是教学方法上对学生的六点做法。这六点都得贯彻始终。这六点的思想基础是前面说的三个全面发展兼顾。

（3）指导学生学习方法，应用反馈原理，引导学生去研究和完善自己的学习过程

为了使学生掌握“双基”与发展智力统一实现，我们很重视对学生学习方法的指导，在学生中普及“两先两后一总结”的学习方法。这在提高学生学习自觉性、培养自学能力方面收效非常明显。但是也反映出一些问题，有的学生运用这种方法存在形式主义现象，不但学习质量没提高，有时反而造成学习负担过重。他们是学习有任务、复习有任务、总结有任务，不仅任务很多，而且大都得用背记的办法来完成。所以，我们在总结经验的基础上，为使掌握“双基”与发展智力统一实现，要求把学生引进“两先两后一总结”的学习过程，为此提出要求：①以培养学生发现问题的能力为核心，指导学生学习，不要平平淡淡看一遍了事。②以抓知识之间的联系、把知识系统化为重点，指导学生抓课后复习，不是只去看一遍，要抓知识的掌握，抓知识之间的联系，把知识系统化。③以系统总结运用“双基”解决问题的经验为重点，抓知识运用规律，指导学生进行总结。不是把知识清单列好就完了，是运用这一章的知识、思路、方法去进行总结。④以抓“双基”运用效果的检验，应用反馈原理，促使学生研究和完善自己的学习过程。学生通过检验学习的效果、考试的效果，总结自己整个学习过程。从各个环节上找出学习质量差的原因，不断完善学习过程。

这些要求刚刚提出来，正在教师中宣传，打算在师生统一认识后，再去抓落实。

上述发言，是我的感受、印象，是一些片段的东西，比较杂乱。请大家批评指正。也请大家在讨论中拿出自己的宝贵经验。

发表于《教育研究》1982年第7期

总结经验，加强与改善中学思想品德教育

编者按：为了加强和改善中学的思想政治教育工作，把学生培养成为有理想、有道德、有文化、守纪律的新一代，需要对中学的德育过程、内容、方法进行深入研究。我们中学的思想政治工作积累了不少经验，当然，也有些问题和教训。这些都需要我们认真加以研究总结。本文对这个问题做了些初步的叙述和分析，还有待我们深入研究。欢迎从事教育实际工作的同志在总结经验的基础上，对这个问题加以研究和讨论。

一、我国20世纪五六十年代中学生思想品德教育的基本情况

现在，大家都称20世纪五六十年代培养的中学生，大部分是合格的。他们中间很多人已经成为各条战线的骨干。那么他们在中学阶段打下了什么基础，他们的思想达到了什么水平呢？

有个一中校友说，他们这一代学生能够在社会上立足，经得住考验，成为革命接班人，是因为中学教育使他们具备了三个基本条件：具有拥护党和社会主义的基本政治态度，看问题、待人处事具

备辩证唯物主义的基本观点，以及具备集体主义的基本道德。这三个基本条件有具体的行动表现，有具体的内容。如拥护党、走社会主义道路的政治态度，不是停留在认识上或愿望上，而是表现在拥护党的方针政策、自觉按照党的要求办事的行动上。一事当前，考虑党的政策和要求，然后按照自己的理解水平去确定自己的态度和行为准则，绝不搞阳奉阴违那一套。在生活态度、做人态度方面，坚持正确的政治方向，用党员标准作准绳要求自己，进行思想锻炼；主动对照先进人物找差距，开展批评与自我批评；特别重视政治生命，把申请入党作为自己政治生活中的大事，作为一个奋斗目标。这既是拥护党的表现，又是走社会主义道路的具体行动。在感情上，常常是为自己生活在一个先进的社会主义国家而自豪；对资本主义制度和腐朽的生活方式，从内心蔑视。从中学时代就开始学习和运用《实践论》《矛盾论》的基本观点，并且能够用阶级分析方法去分析事物，分析自己的思想，分析同学的行为表现等。在思想道德上，能够划清劳动与剥削的界线、个人主义与集体主义的界线。以劳动为荣，以剥削为耻；以集体主义为荣，以个人主义为耻。绝不做损人利己、不劳而获的事。有相当一部分学生还能正确对待名利问题，不争，不骗，以具有劳动人民的本色、劳动人民的作风和艰苦奋斗的精神为荣。

我觉得以上几点基本概括了20世纪五六十年代中学生达到的思想政治道德水平。这是20世纪五六十年代中学生的收获，也是学校贯彻党的教育方针所取得的丰硕成果。

20世纪五六十年代中学生的这种思想、政治、道德水平是怎么达到的？具体地说，当时学校怎么根据中学生的思想实际和发展规律，把他们一步一步地引导到党对中学生的要求上来的？回忆起来，当时的青少年，在进入中学以前就已有了爱祖国、爱党、爱社会主义的情感倾向。那时，学生从长辈、老师那里听到的是：旧中国受帝国主义的侵略、凌辱，国家在国际上没有地位，受尽欺侮。

而现在他们亲眼看到、亲身感受到的是：中国人民站起来了，受欺侮的日子一去不复返了。伍修权同志在联合国大会上气壮河山的讲话，让学生们感到扬眉吐气，充满了民族自豪感。特别是抗美援朝战争的胜利，打败了自称无敌于天下的美帝国主义，更让学生们感到作为一个中国人的光荣和自豪。因此，在各种场合，在各种学习讨论会上，学生们饱含着这种情感，表达自己的爱国主义思想。说到党和社会主义，学生是由衷地热爱。解放军和人民的鱼水情，人民政府和干部的廉洁作风，艰苦奋斗精神，中国共产党的大公无私，社会风气好，物价稳定，人和人的同志关系，都是大家生活中的实感，学生自然打心眼儿里觉得中国共产党是好领导，社会主义是好制度。学校正是在这种思想情感的基础上进行德育的。

学校是怎样指导学生提高觉悟，达到中学生应该达到的德育水平的呢？对于劳动人民家庭出身的学生，学校要求他们从朴素的阶级感情提高到阶级觉悟的程度。对剥削阶级家庭出身的学生，首先帮助他们和剥削阶级家庭划清思想界限，懂得革命道理。当时，有些学生由于受旧思想的影响，有错误认识，主要表现为在个人与集体、自由与纪律、红与专关系上的模糊观点和一些错误处理方法。一部分学生只顾追求个人的前途，追求个人的地位和生活待遇。这是当时学生思想上的消极方面。这种错误思想到20世纪60年代初期有所发展，有“政治上过得去、业务上过得硬、生活上过得好”的说法。由于学校在教育过程中抓得比较紧，并注意纠正这些错误倾向，引导学生走又红又专的道路，因此，工作仍然是有成效的。

20世纪五六十年代中学生成长的事实说明，他们对社会主义的信仰，对党的热爱和崇敬，是青年信仰和理想的基础；理想和信仰又成为青少年接受马列主义思想教育、推动自我教育、不断自我完善的强大动力。学校教育适应学生思想发展的规律，将思想教育与现实情况结合起来，用马列主义基本观点武装学生，引导他们在实际中使用，从而使学生在立场、观点、方法上一步一步地达到上述水平。

总结20世纪五六十年代的教育，学生在小学受到“五爱”教育，在家庭、社会的良好风气下得到巩固，形成了“五爱”的情感；到中学后，通过有组织的教育活动，学校把坚定正确的政治方向放在第一位，并向学生提出坚定这个方向的具体要求，引导学生在政治上、组织上有所追求。由此，我们得出一条经验，在学生成长过程中对党、对社会主义的信仰和由此而产生的革命理想，是他们思想进步的内在动力。这里最重要的是善于观察、发现和掌握学生产生革命理想的萌芽。学生的理想在萌芽时期的形式是多种多样的，有的一开始是有某种兴趣、爱好，某种职业的追求，有的是个人好强好胜的心理，还有的有成为什么样的人的奋斗目标。这些都是萌芽状态的理想，要爱护它，细心地扶植和引导它，赋予它以革命的内容，使它成形。

学生思想品德主要是受学校的教育和影响而得到发展的，所以学校经常的思想工作任务，是引导与教育学生正确认识、正确对待自己的思想和行为。通过教育、培养和训练，在他们思想上树立和积累正确的东西，特别是认识问题的正确立场、观点、方法，以促使他们人生观、道德观从感性到理性、从量到质的发展，为他们形成共产主义人生观和道德观打下基础。当时学校是怎样结合学习生活进行常规教育的呢?

（一）抓管理，结合建立和落实教学秩序，进行学习态度和学风的教育

学习态度和学风是学生思想作风的反映，通过观察他们的学习表现，能了解和把握学生思想作风上存在什么问题，受到什么影响。结合建立教学常规、教学秩序，进行思想和行为规范的教育，这是进行政治思想工作的一个重要方面。端正学习态度、形成优良的学习作风，这是把政治思想觉悟落实到行动的训练过程，也是寓

教（育）于学（习）的一个重要方面。

（二）抓学习目的，主要进行革命人生观教育

中学生的人生观，主要表现在学习目的上。为什么学？学了干什么？端正学生的学习目的，也就是使其具备良好的精神状态，通过学习目的教育，渗透人生观教育。思想教育结合学习进行，也是人生观教育寓于学的一个重要方面。离开学习过程来抓人生观教育，往往抓得不具体，学生不好理解，谈起来也空洞，结合学习目的的教育，学生好理解，引导起来也有了具体的办法和路子。

（三）抓学习方法，结合学习指导，进行思想方法教育

学生的学习过程，是个特殊的认识过程。学生的学习方法，往往反映他的思想方法。如死记硬背，反映学生不动脑子，不会运用思维，没有受到运用思维、开动机器、分析问题的训练。所以，对他们进行学习方法的指导时，要进行思维方法的训练，从而使学生在学习过程中初步知道从实际出发、分析问题和解决问题。

（四）抓政治观点，结合时事政策学习，进行政治方向教育

这方面的内容很多，如有的学生对土改有反映，后来对资产阶级改造也有反映，对党的政策有自己的看法，这些常常通过学习理论、时事政策反映出来。学校通常是抓住这些问题，从政治方向上有的放矢地进行教育，从而引导学生学习和讨论，使他们明了要做革命的接班人，自己应站在人民的立场上。

（五）结合劳动实践，进行劳动观念的教育

这个方面是十七年来收获最大、最有效果的。通过劳动教育，学生对劳动和劳动人民的感情发生显著变化，在荣辱观、苦乐观上，有明显的转变。有些学生劳动完了，还穿着油泥衣服，去串门、走闹市，以此为荣。这说明劳动教育的效果非常明显。

（六）抓师生关系、同学关系，结合学习学生守则进行道德行为规范教育

道德是处理人与人之间关系的行为准则。学生的人际关系中，一个是同教师的关系，包括和领导的关系；一个是和同学的关系，个人和集体的关系。是维护个人利益还是维护集体利益？尊不尊重领导和老师？对同学是团结、帮助还是漠不关心，甚至是损人利己？通过对这些关系的态度，看出学生的行为和道德水平。通过贯彻学生守则，进行道德行为规范教育，使这些关系得到正确的处理，效果很明显。

此外，在十七年教育中，我们也注意对待学生的思想行为的政策性问题。这些问题现在也有，不过那时比较明显。在教育实际工作中，在一些政策性问题上，常常发生一些“左”的错误。当时在政策上、在党的领导思想上，比较注重的是：①革命与反革命的界限。②政治问题与思想问题的界限。③思想问题与实际问题的界限。在落实教育要求、对待学生的态度上，应该有一个政策考虑，这是非常重要的。

二、正确处理中学思想品德教育中的一些基本关系

蒋南翔同志在学校政治思想教育会议上说：“加强政治思想教育，应该认真总结建国三十二年来我们党对青年学生进行思想政治教育工作正反两方面的经验，肯定和发扬成绩，正视和改正错误。”那么，怎么总结经验，怎样区别正确和错误呢？在实际工作中，我觉得要正确处理以下几个基本关系。

（一）德智体的关系，特别是智育与德育的关系

在实践中常常遇到如何正确处理德育和智育两者关系的问题。“文化大革命”前在学校教育中，一提到质量问题，常常出现把德育与智育对立起来的情况。当时也有不少说法，有的说，“抓了两只鸡（基）丢了一块地”，意思是抓了“双基”教学，丢了思想阵地；有的说，“教学为中心，是智育压倒政治”；还有一些其他议论。我认为把两者对立起来的根源有两个：一是用政治与业务的观点来套智育与德育的关系，教学是中心，就是智育第一，等等。这是把政治与业务的关系硬套在德育和智育上。二是没有从认识与实践的结合上弄清两者的统一性和区别。政治与业务的一般关系是政治指导业务。这一方面是指党的中心任务指导业务工作的政治方向，通过党的总路线、总方针、总政策来指导我们业务工作的方向；另一方面，是用政治思想工作去保证业务工作按政治方向去进行。根据这两个要求，学校教育要用无产阶级思想政治工作去保证教学和办学方向，要使学生具有坚定正确的政治方向，要用正确的政治观点指导他们的学习和生活。

但是，德育和智育就不能这样来套用。德育和智育都是学校教育的独立组成部分（当然也是有机联系的），不能互相代替，但又是相互渗透，在一定条件下相互转化的。智育的任务、职能、作用，不是单纯地传授知识，它在传授知识的同时，也在培养着学生的辩证唯物主义世界观和共产主义的道德品质。德育也不仅是思想政治教育，它在培养学生辩证唯物主义世界观的同时，也在思想方法、学习方法上去保证学生正确地掌握知识和发展智力；培养共产主义理想和道德品质，这些又转化为学习动力和良好的学风。所以两者相互渗透、相互促进，是统一的。但是两者又有区别，德育不仅要求解决认识、方法等方面的问题，还要解决立场、情感问题。这就要把知、情、意转化为行，落实到行。智育不能完成这个任务，德育有这个专门训练过程。智育也有和德育区别的一面，它还要完成“双基”教学、技能训练。所以加强以思想政治教育工作为核心的德育，应该包括提高智育和德育的质量，不能把两者对立起来。思想政治工作要保证两者相互促进，共同提高。不能说一个去挤另一个，去顶替另一个。实际上，不全面提高质量，思想教育就要脱离师生群众，也脱离了知识基础教育。

历史的经验确实如此，你强调德育，强调政治思想教育，就去批智育第一，批以教学为中心，谁也不去抓智育，德育的效果体现在哪里？加强政治思想教育，要防止把两者对立起来，防止片面性和顾此失彼的做法。这是一条非常重要的经验。

（二）大德与小德的关系

大家还记得，1957年、1958年，以批某个兄弟学校的七十几条为题，批判学校抓文明行为教育和思想品德的培养，是没有抓大德，而是抓了小德。此后，文明行为教育和思想品德的培养由被轻视到逐步被砍掉。当然，大德与小德教育在实际工作中砍不掉，因为组织教学过程也好，组织学校教育过程也好，学生没有文明行为、没有纪律保证是无法进行的。大德小德不能割裂，更不能对立。大德指的是思想政治观点、政治方向、共产主义理想、人生观，小德是指道德品质、文明行为等。我们对学生的德育包括三大方面：思想政治、马列主义观点（包括世界观）、道德品质和文明行为。这三个方面共同解决一个为什么活着、怎么活着，要做什么人和怎么去具体做人的教育训练问题。当然，这三方面在要求高度上有个层次，时间上有个次序，但在明确了人生观、政治方向以后，在行动上总要有所表现，要求言行一致。反过来，思想品德上的表现，又去促进、加深学生对大道理、大方向的体会认识。两者是不能分割的。当然，大道理、政治观点，要指导道德品质的培养、道德行为的培养和训练。所以大德和小德要统一起来，抓法上

也不能偏废。

（三）塑造教育和改造教育的关系

十七年中常出现这些问题：对中学生有没有改造任务？能不能在中学教育中提改造？能不能开展批评与自我批评？这是对塑造教育和改造教育的认识和处理问题。这些问题的实质是探讨对中学生的政治教育过程是一个矛盾斗争的过程，还是一个单纯片面说理、施教的过程。我认为中学生的教育过程是个斗争的过程。十七年时，我们把社会影响和学校教育在学生身上的反映，形象地称为“拔河”。正反两方面谁的力量大，学生就倾向谁的方面。这说明对中学生的教育是个争夺和斗争的过程。十七年党的思想教育很强，力量很大，社会影响的主流方面又是一致的，所以学生进步很快、很大，成长是比较健康的。问题是要搞清楚在这个斗争过程中，斗争的对象是谁，落实到谁身上？如果把斗争落实到人，斗学生、批学生，那就错了。当然，对于有些学生而言，改造教育的成分要大些，对于有些学生而言，塑造教育是主要的。总的来说，绝大多数是塑造教育，但也有改造教育这一面。那么对于正面教育怎么理解呢？中学生有可塑性，只要我们进行正面教育、正面引导、正面训练，他就接受了正确的东西。所以，我们一定要坚持正面教育，不能动摇。在正面教育里，我们要考虑到塑造和改造这个矛盾，有个破与立的关系。思想教育要有成效，塑造、改造教育的关系就要处理好。要通过树立正面、积极的东西，去改造消极的东西，通过各种形式，去抵制、消除消极东西的干扰，以实现我们的教育目的。

（四）理论与实践的关系

过去也往往有这样的现象，当政治课强调理论联系实际时，就批判“原则加例子”的做法，说是没有以理论联系实际为原则，要求用政治课提供的思想观点，去批判错误思想观点；一到强调政治课要重视基础教育，掌握基本观点时，就又强调政治课教学的系统性，不去联系实际了。这是对理论和实践问题的片面认识。怎么运用理论联系实际的原则？毛泽东同志说要“有的放矢”，即用马列主义的观点，去说明和解决问题。被说明的问题越多，越广泛，成绩就越大。这是进行马列主义教育的一个基本原则，在政治课教学中应当受到重视。从过去的经验看，在中学教育中比较好落实，如政治思想，政治课的教育，要结合一些社会现象进行说明；如果让学生去进行自我批评，要求就可能高了。过去常常要求学生联系思想去检讨一番，这是简单化。在实际生活中遇到什么问题，你引导他用恰当的观点去进行说明，这也是结合。在劳动中抓住一些表现，通过分析提高到理论认识，看它属于什么思想范畴，是什么问题，这也是一种结合。因此，所谓结合，就是帮助学生在打基础的阶段，在学习马列主义的理论联系实际的学风上，打下好的基础。不光在观点上打基础，在学风上也要打基础。

（五）集体与个人的关系

学生集体是对学生进行教育的一个重要力量。马卡连柯有个说法：在集体中，通过集体进行教育。集体主义思想观点的成长，离不开集体。所以，要在集体中教育学生，让学生集体成为强有力的教育手段。学校是个大集体，班是个小集体。共同进步的舆论，一致认可的班风、校风，是维护集体的一个很重要的力量。好的班风、校风也是培养教育学生的丰沃土壤。问题是在集体中怎么更好地使学生的个性、兴趣和才能充分地发展。不要把这两者对立起来。根据十七年的经验来看，要让每个学生在集体中都有他的地位和作用，使他感到自己在集体中是不可或缺的，不是可有可无的，更不是集体的累赘，而是一个有生命力的活细胞。通过调动学生个人的积极性，可以建立一个健全的班集体，又通过这个集体促进学生德智体全面发展和个性的发展。用这样的指导思想来考虑个人和

集体的关系，集体在个人的成长中发挥的作用就更大了。

（六）学校教育与学生自我教育的关系

教育过程同样可以以“教是为了不教”为原则。教的出发点是为了让学生形成自我教育、自我完善的力量，最后不用教师指点，就有分辨是非的能力、抵抗侵蚀的能力和自我完善的能力。所以，教育的着眼点应放在培养学生自我教育的能力上，引导学生进行自我教育。如果把学校教育与学生自我教育对立起来，排斥学生自我教育，对学生管得很“死”，而不注重培养学生的自尊心、责任心，发展其自我教育的能力，教育就不会落实，不会有成效。你的教育扎了根，就能转化成学生自我教育的能力。那么在这个过程中是不是就不管了呢？不，还是要管。因为学生在思想发展中常常由于某些偶然因素的影响而使其动摇了根儿。平常说：树根不动，树梢白摇，那是因为根基扎得很牢。学生在思想成长过程中，由于根扎得还不牢，所以树梢老动，树根就摇了。所以，他有了自我教育能力，教师还得经常疏导。

（七）思想品德形成中的知、情、意、行的关系

心理学上讲：任何一个道德品质的形成，都包括四个环节，即道德认识，道德感情，道德意志和道德行动。在中学教育阶段，教育的起步点、教育动机的形成很重要。过去心理学上，有的说感情是起始点，有的说认识是起始点，有的说行为是起始点。这叫作多起点。我们的经验是教育学生的起点是“通之以心”，教者与被教者心心相通，这是个很重要的起点。政治思想教育最重要的是抓信念的形成，使认识变成信念。信念是认识、情感和意志的统一体。所以对学生要“通之以心”，不要对他们说假话，不要搞假大空，一定要实事求是地引导学生分析问题，处理问题，以形成他们自己的信念。

在道德品质培养方面，行为习惯的培养非常重要。从初中起，教师不要讲过多的道理，而要注重培养学生的习惯。习惯一经形成，学生自己就可以坚持。另外，情感因素的培养也很重要。重要的情感因素包括责任感、正义感、荣辱感等。对自己负责，对学习任务负责，对我们的革命事业负责，有了这个情感，学生全面发展的动力就很强。

（八）师生关系

良好的师生关系是教育取得效果的基础，是强大的教育力量。在思想教育过程中，学生既是教育的对象，又是认识和实践的主体。在处理师生关系时，一定要尊重学生，要和学生建立起正常的教与学的关系。做到这一点，最根本的一条是教师要把教育内化为学生自己的要求。而内化的关键，是教师要善于给学生在思想上树对立面，使施教的正确的东西在学生头脑里经过斗争接受下来，内化为他自己的要求。教师不善于这样做，就容易成为学生的对立面。教师总指责学生，学生就和教师对着干。施教水平高的教师，善于在学生思想上树对立面，然后师生站在一起，通过共同分析，和错误面作斗争，以使学生获得正确认识。这里，师生关系、师生感情非常重要。

（九）学校教育与社会教育、家庭教育的关系

这三者在关系上是统一的，或者基本上是统一的，是可以拧成一股绳教育学生的。这是我们社会主义教育最大的、最显著的优点。从学校、社会和家庭三者来看，学校教育起主导作用，主要反映在主动去抵制学生成长过程中的不良社会影响，主动去组织有益的影响和教育力量，形成一种共向合力。这个工作并不是轻而易举的，社会影响相当广，家庭影响相当深，要排除其中的不良影响，教师就要善于组织好的教育资源，形成共向合力。这是不容忽视的。

（十）管理教育与思想教育的关系

我们在教育中常看到，学生在认识上清楚，感情意志上也愿意这样做，但是管不住自己，需要力量来帮助他，需要有好的环境约束他，才能向着正确的方向前进。这就说明管理教育和思想教育需要结合。管理教育是要建立一个较好的环境，建立一个好的班集体，使教育教学秩序能够正常化、健康化，这对思想教育的影响很大。一个班集体纪律不好，教育秩序不好，德智体几个方面都会走下坡路。纪律好，秩序好，师生关系好，德智体都会向前发展。这反映了管理教育和思想教育的密切关系。

（十一）学生的一贯表现和偶然表现的关系

教育工作效率高不高，效果好不好，往往受对学生的估计正确与否的影响。这里就牵涉对学生一贯表现和偶然表现的看法和处理。有些学生一贯表现好，偶然出现问题，有经验的教师就把他的一贯表现和这次表现联系起来认真分析，看看是本质的暴露还是偶尔犯错误，偶然的问题和一贯表现是否一致。透过现象看本质，并有针对性地做工作，提高他的思想认识。一方面，有的好学生偶然出现问题，教师觉得他一贯表现好，就忽视了学生的问题，结果造成学生思想放松，整体表现往下滑。另一方面，有的学生表现一贯不好，偶尔有一次表现很好，老师认为是假的，做给人看的，忽略了他思想上闪光的东西，没抓住这一点，就失掉了一次推动学生前进的良机。对一贯表现和偶然表现都不忽视，两个方面都注意，教育工作成效就高。

（十二）小学、中学、大学的关系

小学打好基础，跑第一棒，中学接着跑第二棒，大学跑第三棒。三棒衔接得好，肯定思想教育成效大，学生的健康成长就得到很好的保证。相反，哪一环脱节，都会给教育带来很大困难。所以，我们中学要靠小学打好基础，注意我们是第二棒，要和小学搞好思想教育的衔接。中学的基础打好些，对坏的影响和侵蚀的抵抗力就更强一些。所以，我们要身在中学，放眼大学和小学，要看到基础，看到下一步对我们的要求。

发表于《教育研究》1982年第11期

着眼人人成才

担任中学校长四十一年，在学生发展方面，我获得的重要感受是，学生成才的起点在中学，中学教育关键是给学生成才打下坚实的基础。中学生思想活跃，心灵手巧，兴趣广泛，可塑性强，但很不稳定。他们的天分、才华也在这个阶段或早或迟地表露出来。学校能不能发现、爱护、培养，促其发展，就成为他们能否在成才道路上健康成长的关键。我认为，给学生成才打基础的着眼点，应放在创造条件让学生生动、活泼、主动发展上，学校要密切关注学生的动向，因势利导，因材施教。这一点，我在走向校长岗位时，就努力自觉去做。“出人才的学校是好学校，能发现和培养出人才的教师是好教师。”这是我当校长、办学校一贯坚持的思想，它主导我的办学行为。我这个主导思想，在片面追求升学率狂潮袭来的时候，也没有动摇。1987年9月，新华社记者朱玉泉同志来采访我，要我谈办学指导思想，我不假思索地向他讲：“对学生不求人人升学，但求个个成才。”

中学时代赋予每个人的东西很多，譬如坚定的政治方向，灵活的思维方法，严谨的作风，丰富的文化知识，等等。从校友们的反馈信息看，取得较高成就的一中校友，他们上中学时，几乎没有“死读书”“读死书”的，大都具有广泛的兴趣爱好，许多学生是社会工作和课外活动的积极分子。我曾问一位一中校友（我经常访问校友，这是我获得办学思想实施效果的反馈信息的重要渠道），一中给你最有价值的东西是什么？他回答："一中给了我发展自身特长的土壤。"的确，一中建设教学环境，实施教育的途径，不搞千篇一律，也不把考上大学当作成才的唯一途径。哪个学生哪方面有天赋，都可以尽情发展，有条件的话，学校还请教师专门辅导。因此，毕业生中出了像李光羲、高曼华这样的全国一流歌唱家，金乃千、郑邦玉这样的戏剧家，刘骥林这样的艺术家，穆祥雄这样的运动员，当然最多的是科技人员和各级干部。他们的特长大多在一中上学时期已经显露并得到了良好的扶植和培养。

本着不求人人升学，但求人人成才的指导思想，贯彻教育方针，不仅要按照国家颁发的教育计划实施全面发展的教育，而且要着眼于让各种人才苗子得以破土而出健康成长来考虑学校教育环境建设，优化办学条件。早在20世纪50年代，一中就成立了学生课外活动委员会，由主管教学的副校长挂帅，吸收各处负责同志参加，统筹学生的课外活动，把课外课排入课表。随着逐步发展，成立五个教学系统：课堂教学系统、特长生教学系统、学差生辅导系统、竞赛生辅导系统、小发明家教学系统。各系统都是"正规军"，做到一视同仁，经费、时间、地点、辅导教师"四落实"。学校建有学生艺术团、几十个课外科技兴趣小组、十几支体育运动队，每周按时活动。保送升大学的一中优秀毕业生大多是课外活动的热心参加者。许多一中学生在课外竞赛中取得优异成绩，其中包括联合国教科文组织发起的"和平利用太空"征文、全国青少年科技作品展览等。市、区及全国举办的数理化竞赛、国际奥林匹克赛中，一中获得一、二等奖的，有数十人之多。值得一提的是，一中首先用一层教学楼（四间）开办计算机课，将现代科技引入学校、引进教学，在天津市中学生计算机程序设计比赛中连续四年（1983—1986年）夺得总分第一名。

给学生树立发展的正确导向，学校除了对学生进行方针教育，还要帮助他们树立全面发展的指导思想，因材施教、因势利导，把

导向落实到人，是十分重要的。

在教育环境建设、优化教学条件的各种举措中，我不仅重视把着眼点放在给学生们创造展示自己的机会、使人才苗子得以破土而出上，而且使他们得到具体指导，促使他们生动活泼、主动、健康地发展。我把注重学生的发展导向放进工作常规，放进工作日程。

选自《中国著名校长办学思想录》，江苏教育出版社2000年版

六、感言寄语

通过本部分的内容，读者可以感受到一个主题——热爱。韦力同志是一位信仰坚定、思想深邃、严谨自律的教育家，同时也是一位对师生、对教育挚爱深沉的教育家。

在天津一中四十五周年校庆之际，韦力同志提笔写下《一中，走向世界》。既深情回望了四十五年来一中的发展历程和成就，也在字里行间表达出对一中师生、对未来事业持续发展的殷切期望。学生传承着“坚定正确的政治方向、艰苦奋斗的作风、自理自学的能力”的校训精神，在校全面发展、学有所长，毕业后成为祖国发展建设各个领域的栋梁；教师涵养师德，钻研业务，把做教育家型教师的信条落到实处；教学设备现代化，教学媒体多，达到世界先进的水平；校长以艰辛的劳动和努力为一中的发展寻找方向、开辟道路，获得了师生的信任和尊重，也获得了社会的认可。在第十一个教师节来临之际，韦力同志关心关注着教育改革和发展状况，以及全国教育工作者队伍建设的状况，对第十二个教师节能够成为教育发展新的里程碑充满信心。

生命的价值在于奉献。韦力同志将一生奉献给了他深爱的教育事业，奉献给了天津一中这片热土。桃李不言，下自成蹊。“人才摇篮扬美名”，是对韦力同志一生光辉业绩最好的传颂。而未来的一中人，也将继续传承韦力同志的精神，为服务党的教育事业耕耘奋斗，努力创造新的辉煌。

一中，走向世界

今年是一中建校四十五周年，学校师生正为它隆重庆祝。

四十五年经历不寻常。校园旧貌换新颜。一幢幢藕荷色大楼拔地而起，松柏常青，芳草成片，丛丛玫瑰，片片月季，姹紫嫣红，满园春色。一座两层楼高的喷泉假山，飞瀑直下，溅珠散玉，引人遐想，沁人心脾。教学设备，更是今非昔比，设备实现现代化，以电子计算机的应用为先导，多媒体教学体系正在形成。教育工作硕果累累，质量居上游，桃李遍天下。一中进入世界名牌校行列指日可待。名牌学校具有的共同特色，它都初步具备。

一、成才率高，驰名全国

四十五年来，一中毕业生达两万余名，95%以上成为我国社会主义建设各条战线的骨干力量。在一个地区，在一条战线，知名度很高的人，不下百人。知名度稍低，而在事业上已有建树的，据北京、天津、石家庄等几个城市校友会的初步估计，计算起线定在科技、艺术界的名家，工程技术界的总工程师，医务界的主治医师，教育界的教授、副教授，文化出版部门的总编辑、副总编辑，行政部门的局处长，军界的团级干部，普通工作岗位上的劳模、先进人物，等等，达到这个水平的校友数以千计。单体育界健将就达二十

八名。

近几年，团委到大学作调查，得到的结论是从一中毕业的大学生是“三多一无”。三多即学生骨干多，尖子生多，留学生多；一无即没有因跟不上学习进度而辍学的。在录取新生时，许多名牌大学争录一中学生。

在校学生中的各类人才苗子破土而出，健康成长，国家、市、区各级举办的学科竞赛、文体竞赛、小发明创造等竞赛，一中参赛者每年达数百人，得各级奖励者不下百人。多年来一中学生参加数学竞赛获得名次的总人数为全市之冠，第一名也多次出自一中。1983年全市物理竞赛，一中囊括前五名。1987年京津沪中学生德智体美劳电视大奖赛，一中学生夺得第一名，得分在三市学生中遥遥领先，在全国传为佳话。

二、优良传统，代代相传

校友们常说：“一中校友，一见便知，气质特点鲜明，容易辨认。”这话听起来，似嫌绝对，但八九不离十。大家说的气质特点，大致是指：为人实在，作风朴实，政治方向明确，立场鲜明，做事认真，组织能力、工作能力较强，为人正直正派，好思考善学习等。校友气质上具有的这种共性，是学校的优良传统，或者说是良好的校风培育出来的。

时间可以追溯到中华人民共和国成立初期。那时，一中政治气氛浓厚，积极向上成为风气，学生的求知欲、钻研劲头非常强烈，竞赛场、运动会上争强好胜不甘落后的心气极高。此外，一中学生生活作风艰苦朴素。

经过多年积累，这些表现成为一中学生自觉的行为规范，形成一中的学生特色。在这个基础上学校加以概括，形成代代相传的优良传统。这便是学校定为校风特点的三句话：坚定正确的政治方向，艰苦奋斗的作风，自理自学的能力。正是这个传统、这个校风，保证了学生在学校能健康成长，到社会能自觉成才。

三、师德水平高，师生情谊长

许多校友到校都要打听和看望教过自己的师长，带着强烈的敬意描述师长对自己的教导和影响。记得那样准确，说得那样亲切，听者为之动容。自己所教学生取得成就，教师引以为豪，认为是最大的幸福，是自己生命价值的体现。

师生情，是极大的教育力量。一个学生迷失政治方向，丧失上进心，经教师指点就会转变过来，在人生道路上继续奋进；有的学生学习遇到严重障碍，丧失信心，经教师精心引导，就能攻克难关，跟上学习。这些归结到一点就是教师的责任心和爱生心形成了强大教育力，收到精诚所至、金石为开的效果。

一中教师师德水平高，教育集体凝聚力强。这一特点已为社会所公认，也是我校教职工的共识。“事业心，责任心，自尊心，上进心；问不倒，难不倒，累不倒，气不倒”，这“四心”“四不倒”的精神是我校教师（包括干部职工）师德的体现。凭着这种精神，青年教师得以迅速成长，不断上新水平，最终成为优秀教师；中老年教师凭着这种精神，在从事教育事业的岁月里，越活越年轻，最后成为教育家。学校重视不断地在教师队伍中注入这种精神，使教师形成共向合力的教育集体，教师队伍永远充满活力；学生感受到这种精神，自觉规范自己的行为，尊敬师长、勤恳好学。

四、设备现代化，教学媒体多

现代化技术手段的运用，在一中已普及到教学、教育、管理各个领域。一中在天津市的中学中第一个开设电子计算机课，建设电子计算机房。早在20世纪80年代初，一中就已经具备或着手更新和充实完善后具有现代化特征的语言实验室、声光教学设备、理化生实验室。现在正在以电子计算机的应用为先导，建设多媒体教学体系。外国来访专家，都认为世界上教育水平先进的国家里最好的中学，也不过如此。

五、校长有威望，成为教育家

我在一中任校长四十年，以办好学校为毕生事业，通过为国家培养优秀人才，来传递自己的理想，体现生命价值。

四十年里，我两次重建一中，都获成功。1952年，“三反”“五反”运动，原来的校长被撤职，学校濒于崩溃，我受命于危难之际。1959年一中已进入全国先进校行列。1978年我又在废墟上重建一中。

四十年来，我用艰辛的劳动，以建设学校的成功获得师生的信任、尊重，获得大家支持，因而能和师生一道，并引导师生，为一中的发展和完善共同努力，取得成功。同时，获得领导和社会的肯定。1982年，我被定为联合国亚太地区普通教育中国专家。不久，我被载入《中国现代教育家传》。近十几年来，获得劳模、优秀党员奖章、奖状十五六件。

一中的成就是师生职工血汗的结晶，借四十五年校庆，我要向为一中建设付出毕生精力，在教职工岗位上坚持到生命最后一息的同志敬礼，我们永远记住他们！

要问我成功的秘诀何在，我想起莫扎特的一句名言：“谁像我一样用功，就会像我一样成功。”

一中，走向世界，成为世界一流学校并继续奋勇前进！

写作于1992年，为庆祝天津一中建校四十五周年撰写的贺词

里程碑

今年教师节带给我们的是教育改革和发展的累累硕果，令人兴奋，值得庆贺！

从教师节创建以来，每到节日到来的时候，我们都看到教育战线取得了新成果，一年一个新面貌。教师节成了标志教育改革和发展达到新阶段的里程碑。

过去的一年，教育改革的成就更加喜人。为了稳定教师队伍，切实解决教师住房难问题，许多省、市、地区兴办“广厦工程”，教师迁入新居的报道不断出现；“希望工程”声势浩大，数以万计的失学儿童重返学校；“普九”在部分地区基本实现。特别是继《中华人民共和国教师法》颁行之后，全国人大又通过《中华人民共和国教育法》，我国教育走上了依法治教的轨道，教育优先发展的战略地位得到法律的保障。一些教育战线的同志们称赞去年是教育年。

在教育改革和发展大好形势的激励下，一大批优秀教育工作者、优秀教师涌现出来。去年教师节，《中国教育报》等单位倡导并组织评选全国十杰教师。我受聘担任评委，怀着激动的心情，饱含热泪，阅读了三十位教师的事迹报道，每一篇报道都是教师用心血谱写的凯歌，他们的爱生心、教育事业心和献身精神，令我激动不已。这些教师都非常自觉地提出教改奋斗目标，用新的成就来迎接新一届教师节的到来。每届教师节都成了教师们在前进道路上的里程碑。

我希望，在第十二个教师节到来的时候，教育投入会进一步加大，教育经费不再短缺，不再成为教育发展的瓶颈。我希望“广厦工程”能够得到更广泛、更切实地实施，使广大教师尽开颜！

发表于《人民教育》1995年第9期

七、采访文章

本部分收录了新闻媒体对韦力同志的采访报道。有的是来自记者对师生和海内外校友回忆的文字梳理，有的是与韦力同志的直接对话。借助阅读这些篇目，我们能够更加详细地了解韦力同志的生平经历，得以从更为真实、生动、鲜活的角度认识这位教育家，可以触碰和感受到他的人格魅力和亲和力。

在报道中，校友、教师共叙往事，提到了许多韦力同志关心关爱教师、持续教导学生的感人细节。比如对思想波动的学生给予持续关注，与学生促膝长谈；理解、信任、培养、支持、爱护教师，千方百计为教师解决生活困难；等等。

在2004年记者对韦力同志的专访中，他用一句话概括了自己的教育思想——“不求人人升学，但求个个成才”。在退休后的十余年间，他老骥伏枥、志在千里。韦力同志晚年仍然注重强身健体，耄耋之年还经常回到校园，师生仍然时常能够在一中校园见到他的身影。与锻炼同步的是思考，他一直没有停止对国家大事和国际形势的关注，没有停止对教育的思考。他在对自己的经验进行提炼和概括的同时，也在研究着新课题：究竟怎样对新一代的中学生进行教育、怎样持续培养有“魂”的优秀教师。

斯人已逝，遗响犹存。我们今天读这些文字，既能读出其中一以贯之的坚守，又能读出其中与时俱进、耕耘不辍的热忱。丹心照校史，弘德启后人。韦力同志是我们永远的榜样，引领着我们持续前行。

好教师当是教育家
——访老教育家、天津一中原校长韦力

□ 本报记者 符德新

但求学生人人成才

记：韦老师，您在1949年1月，随着天津市的解放而从解放区来到天津，开始从事新中国教育事业，1952年就任天津一中校长，直至1993年退休。可以说您是伴随着新中国的基础教育一路走过来的。如果让您用一句话来概括您的教育思想，那是什么？

韦：不求人人升学，但求个个成才。因为升学并不是教育的目的，教育的目标是为国家培养人才，培养德才兼备、体魄健全的合格人才。1978年我重任一中书记、校长的职务不久，就遇到了社会上片面追求升学率的狂潮。一中的升学率在全区三十所中学里排到第二十八位，老师们都受不了了。他们说："校长，现在不是讲生动活泼主动学习的时候了。现在就是要追要集中力量追，拼命追！"我顶住了这个巨大压力，坚持改革注入式，推行素质教育，将传授知识与发展智力、培养能力统一起来，让每个学生都能在自己的基础上不断提升档次，全面发展。恢复高考第一年，我们学校只有六个学生考上大学，第二年十六个，第三年百分之四十几，1981年就达到了百分之九十几。我们栽桃子，灌水，保苗，最后果实自己就结了。

记：您有一个提法比较著名，叫作培养学生的两个能力，即“自治能力”和“自学能力”。

韦：是的。我们培养学生严格要求自己，在学校里自觉地进行自我教育，在社会上则按照国家要求的标准要求自己。有个学生被选派到德国从事一项技术工作，他特地回学校跟我谈，说一中培养的自治能力让他受益终身。他在班里并非班干部，只是个科代表，但他能够感到在这个班集体里每个人都有自己充分的存在价值，于是习惯了对自己严格要求。在自学能力培养上，初一学生一进来，我们就先进行学习方法的训练。最基本的一条是会动脑子，会思考。到了初三，学生就能自己组成学习小组了。像获得1962年数学竞赛第一名的小组，那个小组的成员就是从初三起省下钱来买书，搞了个小图书馆，广泛阅读课外读物，由此开辟了获得知识的第二战场。到了高中，学生独立思考能力和自学能力得到了更充分的发展，好几个因为家庭困难没有考大学而上了技校的学生，后来都考上了研究生。一般学生初中毕业后就具备较强的自学能力。

好教师、好校长是个什么样

记：四十年前，您就在思考“什么样的教师是好教师”这个问题，并总结出好教师应该具备“四心”“四不倒”精神，即事业心、责任心、上进心、自尊心，气不倒、问不倒、累不倒、难不倒。您认为今天的好教师，应该具备什么样的素质？

韦：我把教师分成四个档次：一是职业型，把教书当成一种谋生手段。二是学者型，对这门课有兴趣，就一心教好这门课。三是事业型，就是把教书当成体现自己生命价值的事业，把培养学生成才视为自身生命价值的体现。四是教育家型，这是教师的最高层次，也是我对教师的要求。就是要有自己的教育思想，能够按照国家教育方针、人才标准培养学生成才。不光教学得心应手，还要有明确的教育思想、教育理想，有高尚的师德师风。二十年前我在一中办起“未来教育家学校”教师培训班，凡到一中工作的新教师都要入学接受培训，现在这个学校仍然在办，多年来一中也确实培养出了一批教育家。“四心”“四不倒”精神今天仍然适用，还要继承发扬，当然今天的要求更高了。教师要以育人为本、以教学为主，学生要全面发展、学有所长。教师是学校之魂，一所学校办得好不好，校长当得好不好，关键是看能否培养出教育家型教师。据我多年做校长工作的体会，一所学校有几位、十几位教育家型教师骨干，带动全校教师形成合力，学校的教育质量就有了可靠保证。

记：您从1952年就当中学校长了，到现在已经半个世纪了。在您看来，今天一个“好校长”的标准，和您当年所提的校长应具备“四个头脑”，即政治头脑、业务头脑、科学头脑、文化头脑这个标准相比有什么变化?

韦：我把校长也分为四个档次：一是行政型校长，只代表一个行政职务。二是管理型校长，可以把学校管理得井井有条。三是学者型校长，会教一两门课，有一门是专家。当然各学科都应该懂，会听课，能提出教学中的问题，能把握国家教育方针的要求，用以指导教师，不说外行话。比如我的学科特长是历史，但语文、政治也能教，也教过数学。四是教育家型校长，学校怎样办，有自己的一套教育思想。校长要想培养出教育家型教师，自己首先应当是教育家，而不仅仅是一所学校的管理者。

把学习的主动权交给学生

记：当前在中小学推行的新课程，强调教师要充分发挥学生的主体作用。我想到了20世纪70年代末您就在天津一中倡导把学习的主动权交给学生。记得您说过当时还没敢提完全交给学生，提了个“有限主权论”，但还是把老师们吓了一跳，说：“怎么啦，韦校长，你不要升学率了?”因为在老师们看来，学生都是不压不学，不教不会。

韦：是有这回事。虽然有些老师反对甚至讥笑，我还是坚持了这一条，作为“最后堡垒”。因为教育的任务不光是传授知识，还要发展智力、培养能力，这些比传授知识更重要。另一方面，在倡导学生主体作用的同时，我始终主张教师主导与学生主体的恰当结合，不能一提尊重学生首创精神就削弱、淡化教师的主导作用。如果脱离开教师，学生这个“主体”又从何而来呢？新课改最关键之处在于教师，瓶颈还是教师。大学毕业、师范毕业马上当老师，好比新兵拉上去打仗，很难一下子就打胜。我认为大学毕业、师范毕业要经过四个发展阶段，一般要八至十年，才能真正胜任教育教学任务。现在教师驾驭课程都不容易，驾驭学生就更难了。一个优秀教师应该能驾驭学生的思维，引导学生思考。

人退了休教育思考不停

记：自从1993年您从天津一中校长职务上退休已经有十年多了。能谈谈您这些年的近况吗？

韦：任一中校长四十一年我一直致力于培养尖子学生。退下来以后我就在想，要摸索一下中等学生的成才过程。1996年创办了华夏学校，八年来，我们已经在研究中等生如何成才方面取得了一些经验。华夏是个初中校，收的是中等偏下水平的学生，但现在百分之七十五以上的学生都能考入重点高中。我以中等学生的发展规律为探索对象，已经摸索了一套规律。我跟老师们说，没有进步不了的学生，只是你还没有找到使他进步的途径。我一向反对提差生、中差生，学生只是发展水平不同罢了。

我虽退休了，但并没有停止对教育的思考。现在我正在研究的，有这样三个课题：第一个是职业生涯总结。校长生涯四十余年，很多人让我把它写出来，总结出来。第二个是中学生教育。究竟应怎样对中学生进行教育，如对尖子生和中等偏下水平的学生，中等学校应该怎样办？第三个是优秀教师培养。教师要有师魂、师能、师才、师学、师识。而现在许多所谓名师、模范教师却不得要领，我担心真正的优秀教师会断档。现在有的老师忙兼职、赶课，不但耽误学生，把自己也给耽误了。国家要发现并培养一批有“魂”的教师。

我也仍然在关心着天津一中的发展，唯恐它没有新的突破。我常和老师们聊一聊，他们开玩笑说我“阴魂不散”。是啊，一中是我亲手建起来的，它已成为我的生活内容之一。我看见学生就高兴，一天看不见，心里就空落落的。

记：您已经年过八旬，读者都很关心您现在的生活状况，您能谈谈吗？

韦：我生活得挺好的。退休金有三千多元，老伴儿也从天津41中退休了。我们老两口在家有那么一点“空巢”吧！除了经常到学校转转、看看，我每天坚持锻炼，做健身操、太极拳，每天到公园去“吸氧”，同时也关注着国家大事和国际形势。

摘自《中国教育报》2004年11月29日

韦力：让理想走进现实

□ 本报记者 郑玉芬

开栏语

伴随着中华人民共和国前进的脚步，沐浴着三十年改革开放的春风，教育已经进入了品牌、质量、特色决定其生存，精神、文化、内涵决定其发展的时代。有人说天津教育出经验，但往往醒得早起得晚；有人说天津教育有能人，可总是墙内开花墙外香；还有人说天津教育有积淀，但大都习惯于闷头干不宣传，缺乏系统的提升、提高和提炼。实际上，这些都影响着天津教育的进一步发展。

改革开放需要创新，内涵发展需要凝练，教育思想需要融会贯通。这些都需要教育者思想的深度、视野的广度、文化的融合度，这些又都决定着教育发展的水平、速度和方向。时代呼唤有思想、有个性的校长，社会需要有质量、有特色的学校，学生需要有爱心、有水平的老师。让我们用手中的笔，讴歌那些有思想、有个性、敢负责、能干事的校长吧！用我们心中的情，赞美那些为了教育事业兢兢业业、默默无闻、长年辛勤工作在教育一线的教师们吧！名师、名校、名校长栏目为提升天津教育的水平所开，“三名”工作室为一线的教师、校长、学校所设。让我们以深度、广度、高度说话，以思想、理性、精神见长，以宽容、宽松、宽广待人，以平和、轻松、贴心为叙事方式，构筑起一个崭新的教育人自己的天地。

在采访全国优秀校长、亚太地区教育专家、一中原校长韦力之前，先和几位在一中工作多年的“老人儿”取得了联系——或通了电话，或见面聊了聊天，请他们讲讲一中，讲讲对老校长的印象。他们说：“一中可出了不少人才，几乎哪个领域都有，北京奥运会那枚构思精巧的‘中国印’就是一中毕业生设计的。一中人才辈出和老校长的办学思想有密切关系。”“那些年，韦校长在培养人才上可没少下功夫，培养学生，更拢住了不少好老师。”“人们对他大都没有畏，只有敬。他一门心思放在办学上，对我们这些当年的‘小年轻’严格要求、精心爱护，我们的成长与他的教诲分不开。”

在一中为韦力保留的办公室里，八十五岁高龄、精神矍铄的老校长回首自己的校长生涯，笑说好多事好像就发生在昨天。“从1952年到1993年，我在一中校长的岗位上工作了四十一年，除去‘文化大革命’的十年，三十年间，我一心做的就是编织人才摇篮这件事，以实现我的报国理想。”

“一个人的成长受老师的影响很大，我的爱国情结和报国之志来源于小学和中学老师的教诲，这是我一生致力于基础教育的思想基础，而爱国情结和报国之志也是我办学思想的主要内容。”

韦力的少年和青年时代都是在抗日战争时期度过的。小学老师曾讲过很多的爱国道理，几位中学老师本身就是东北流亡学生、中共地下党员。那时候，理科成绩非常好的韦力和两个要好的同学一起办墙报，取名《血涛》，墙报内容中热血青年的激愤话语引起了老师们的注意。于是师生间就有了这样一番对话：

“你将来想做什么？”

“我想报考大学的飞机制造专业，制造出中国第一架飞机，装上炸弹去和日本帝国主义拼命！”

“这是工业救国的想法，真正想救咱们国家，光靠这些不行啊！”

在老师的影响下，韦力加入了中国共产党的外围组织，知道了

很多革命道理，也由此对基础教育的重要性有了感性的认识。至今，他对引领他走上革命道路的老师念念不忘。他说，是小学和中学的老师在他心里播下了爱国主义的种子，而爱国情结和报国之志是一个人真正成为祖国需要的人才的关键。这个认识促使他在制订一中校训的时候，坚持把“坚定正确的政治方向”放在首位。

十五岁参加革命工作，之后任天津军管会文教会干部、津沽大学政教处处长，1952年，二十九岁的韦力被派到一中做校长。工作中，他逐渐将对于普教重要性的感性认识上升为一种理性的思考：国家的富强需要人才，中学是人才成长打基础的阶段，一校之长的心血所注、情之所钟，就在于优化办学条件，构建育人环境。“办好一所学校，让自己所办的学校成为一座人才库，让各类人才苗子在学校这片沃土上发芽、成长。”这一想法成了他几十年工作的基本准则，也成了他调试、矫正自己心态、思想和行为的基准。

至今，一中的校训依旧：坚定正确的政治方向，艰苦奋斗的作风，自理自学的能力。而由韦力作词、一中校友石惟正作曲的校歌更是久唱不衰：美哉一中，人才摇篮扬美名。与国同生，党哺育下得繁荣。草如茵，树成行，桃李盈门满庭芳。意气昂，书声朗，尊师爱生情意长。有道德，有理想，坚定正确方向。有文化，有纪律，四化建设做栋梁……

“一中的校友成千上万，他们中的绝大多数在社会主义建设岗位上是骨干，我看到了我的理想、我的革命事业的接力棒在他们的心中、手中传递。体现我生命价值的是教育，是校长工作。”

去年是一中六十年校庆，花甲一中迎来了许多年逾花甲、事业有成的老校友，这其中有许多当年的华侨学生。他们拜访、探望了耄耋之年的韦力校长，共叙往事，祝福恩师健康长寿。

韦力刚到学校不久，一批由北京华侨中等补习学校分来的学生来到一中就读。看到学校旧式的平房、兵营马厩改建的学生宿舍和雨后泥泞不堪的甬道，侨生们的思想情绪波动很大。韦力深知侨务工作关系重大，也知道这批侨生不仅是新中国的建设者，也牵动着海外华侨的心，学校工作已成为联系祖国与海外华侨的桥梁。他动员全校教职工一起做好侨生工作，自己更是耐心细致地为学生做思想引导。

至今，还有人清楚地记着当时的情景：韦力操着带云南口音的普通话，热情赞扬侨生们热爱祖国、关心国家建设的精神，实事求是地介绍了学校的现状，告诉大家，学校没有兄弟学校那样漂亮的校舍，但却拥有一支优秀的教师队伍和过硬的校风。他鼓励侨生们发挥热爱祖国和艰苦奋斗的精神，扎实学习，早日成为祖国建设的生力军。一番朴实的话语打动了很多侨生。之后，韦力做了一系列扎实的工作：要求学校食堂增设小灶，改进澡堂淋浴设施和时间安排，妥善安排侨生的生活；专门安排优秀教师为侨生进行学习辅导，特别是为俄文学习基础差的侨生补课；到学生宿舍看望学生，和学生促膝谈心……很多侨生都惊讶校长能叫出自己的名字，惊讶校长很快解决了自己的困难。一个侨生爱提意见，言辞激烈，引起部分教师的反感。韦力对老师们说，青年人是信服真理的，他们反对的是歪理、假理，只要你讲真话，身体力行，尊重学生，因势利导，他们怎么会不信真理，怎么会产生信仰危机？韦力多次找该生谈心，肯定了他对学校的关心、对集体的爱护，细心引导其正确分析问题。该生后来积极配合教师的工作，成了侨生中的骨干，他诚挚地说，在韦校长身上，真正体现了校长的民主作风，体现了共产党员的本色。

韦力坚持认为，除了爱国情结和报国之志外，中学时代应当赋予每个人更多的东西，在后来的工作中，他本着“不求人人升学，但求人人成才”的指导思想，在学校逐步发展建立了五个系统，即课堂教学系统、特长生教学系统、学困生辅导系统、竞赛生辅导系统、小发明家教学系统，而且对五个系统一视同仁，经费、时间、地点、辅导教师四方面做到全部落实。每周，学校几十个课外科技

兴趣小组、几十支体育运动队按时活动。一中多年的人才榜证明，这五个系统功效显著。

韦力多年坚持亲自做学生的工作。学生阎涛，被师生称为“潜在的持不同政见者”。韦力得知后，和阎涛多次谈心、交流思想，帮助他找到正确分析问题的思想方法，还和他成了朋友。后来，阎涛成了中国科技大学一年级新生中第一个被吸纳的共产党员。

学生李真在原来的初中校被称为“混世魔王”，考进一中后，仍然常与人打架。韦力找他谈话，和他建立了情感沟通后，要求他培养和锻炼自己的自控能力。该生向校长吐露了自己的志向，想报考军事院校，立志报国，韦力鼓励他以实际行动来实现自己的理想，高中毕业时，韦力帮助该生实现了愿望，五年后，李真回校探望校长时，已经成长为一名优秀的军队干部。

数学家冯克勤，在一中上学时绰号“搓板”，身体十分瘦弱。韦力和体育组长商量，专门给冯克勤制订了锻炼计划，促使他强身健体。至今，事业有成的冯克勤谈起此事，仍对母校充满感激。

在那个年代，不少学习好的学生被人称为“走白专道路”，韦力在纠正人们错误看法的同时，公开亮明自己的观点，肯定这些学生钻研学问、立志成才的思想和行为，并帮助他们明确自己的发展方向。这其中很多人成长为各类专家、优秀干部。

“教师队伍是教育计划的施工力量，决定着施教的方向和质量。我在一中四十一年，自认为最值得肯定的工作，是发现、培养、支持和保护了一批教育家型教师。”

凡新到一中工作的教师，都要接受“未来教育家学校”的培训。这个传统，学校至今仍在继承和发扬。在“未来教育家学校”里，年轻教师不仅接受了教法上的培训，更树立了要成为教育家型教师的理念。教育家型教师不仅要有明确的教育思想和理想，要有事业心、责任心、自尊心、上进心，还要做到“四不倒”，即问不倒，难不倒，累不倒，气不倒。

正是在这样的高起点、严要求之下，一中培养了一批优秀教师。

对于老教师，韦力更是在培养、支持中倍加爱护。老校友王之防曾讲过这样几件事。

1980年，一中教师队伍的重建、整顿任务迫在眉睫。一天，在学校附近的公园里，韦力偶遇正在与人下棋的老教师徐惠，这位过去学校里出色的物理教师，当时正在外区教师进修学校工作，课时很少，自嘲不被重视。韦力眼睛一亮，握住徐老师的手直摇晃："学校正缺人儿哩，回来吧！"从那天起，韦力开始了上下跑动，教育局、区委、市委……见到有关领导就讲一中的困难，讲老教师的心愿，终于，数月奔走有了结果，徐惠老师回一中上课了！

在像找宝贝一样找回了很多功力深厚教师的同时，韦力对于校内那些"格涩"的教学骨干同样视为珍宝。化学教师张君孚在"文化大革命"中受到了诬陷，心中结下了疙瘩，平日独来独往。有次因为教学上的问题校领导批评了他，张老师竟拍着桌子大发脾气。听到这件事情后，韦力先从自身找原因，检讨自己对老教师关心得不够。他去听张老师的课，不仅聚精会神地听，还仔细地记，认真地琢磨。几堂课下来，他得出了结论，老张功力深厚，就是教法有些欠妥。在教师们举办的教研组联欢会上，韦力当众表扬张老师呕心沥血地工作："君孚，你心里有委屈，我们有责任啊，该向你道歉！"张老师心中的块垒在校长深入的工作和诚挚的话语中垮塌了，他老泪纵横地说："校长，我这些年可不易……"七尺男儿像个孩子，向校长诉说自己心中的委屈。韦力的眼睛也湿润了。这些知识分子对事业忠诚，干工作兢兢业业，他们最需要什么？他们最需要的就是理解、尊重和信任！

知之深才能爱之切。韦力的爱师之情使老师们的智慧和才干得以充分释放。

很多一中的老师都知道宋业琪——在走到生命尽头之前，写出

两部专著的老教师。得悉大宋身患癌症，韦力千方百计找到在医务界的校友，求医问药，联系单间病房。大宋听说要去住单间，一个劲儿摇头，道：“单间太贵，咱不值！”听一辈子殚精竭虑搞教学的老教师说出这话，韦力一阵心酸：“安心养病，不想别的，我等着你！”看着校长含泪的眼睛，大宋心中感慨万千，他不再拒绝，只是把自己过去的教案、笔记、习题卡片装了几个书包，统统带进了那间单人病房。深谙老教师心思的韦力只嘱咐了他一句话：“注意身体，有困难找我。”重病的大宋在与时间赛跑，他每天不停地在写。韦力惦记他，去外地开会还挂长途电话到医院问候。有一段时间，大宋吃不下饭，韦力听说后，买了大虾在家烹好，到医院亲手剥了喂宋老师吃。后来，宋老师时常昏迷，口中喃喃地：“书……稿纸……校长……”宋业琪老师弥留之际最高兴的事情，就是他的两本教学专著终于写成了！捧着这两本宋老师心血凝成的书稿，韦力的泪水簌簌落下，但他也为宋老师高兴，为老教师圆满地实现了自己的人生价值而自豪。

“如果能把办好学校，培养优秀人才、国家栋梁之材作为奋斗的目标，就会想千方寻百计，争取领导支持和社会的力量，带领教职工队伍一起去编织人才摇篮。干一阵子校长就会创一阵子的辉煌，干一辈子校长就能创造一辈子辉煌！”

韦力创造了辉煌。一中在他的带领下经过了由创建走向发展再到名校的光辉历程。他为人谦和自律，治学深入严谨，在师生和海内外校友中享有威望；他勤于思考，大胆实践，善于总结，教育家的称号实至名归。1963年，教育部在津召开“京津七校会议”，他在会上的发言《加强教学工作的指导》和《重视班主任工作》，后来分别在《文汇报》和《光明日报》上发表，这使他在一代校长中成了领军人物；之后，他又在全面贯彻党的教育方针、中学生智力发展、中学教育的整体改革等方面进行探索且有所建树。作为亚太地区教育专家，他在很多国家和地区讲学，传播新的教育理念，一中也成为联合国教科文组织亚太地区教育革新发展服务计划联系中心，承担起中学生产劳动与教育结合实习计划全国培训班、国际交流组织项目学校等任务。

“宁做大事，不做大官。”韦力平生最喜欢孙中山先生的这句名言。国家建设靠人才，培养人才靠教育，竭尽一生之力去做编织人才摇篮这件大事，让年迈的韦力在回首往事时无怨无悔且无比自豪：“人若有来生，来生我还干这一行！”

摘自《天津教育报》2008年9月3日

附 录

韦力同志生平

1923年11月，韦力同志出生于云南省华坪县。在青少年时期，他亲身感受到国民党反动派专制统治的腐朽黑暗以及日寇侵华、民族蒙难的危亡境况，很早就萌发了强烈的爱国热忱和追求真理的志向。他广泛阅读进步书籍，积极参加学生运动，最终确立了马克思主义信仰，走上了革命道路。1949年初天津解放以后，韦力同志先后进入天津水产专科学校和津沽大学工作。1952年3月，韦力同志被市人民政府任命为天津市第一中学副校长，同年10月被任命为校长，从此开始了与天津一中七十一年的不解之缘。

组建于1947年的天津市第一中学，20世纪50年代初还只是一所普通公办校。韦力同志在领导学校建设发展的过程中，将共产党人的优良作风融入学校工作的方方面面，带领全体教职员工认真贯彻执行党的教育方针，积极借鉴国内外先进的教育思想，立足学校办学实际，着眼于学生的成长成才，在注重风气育人、提高教学质量、推进教师队伍建设和提升学校管理水平上进行了大量的、卓有成效的探索，塑造了“勇争第一”的学校品

格和“学习上比刻苦，生活上不怕苦”的学习风气，打造了一支风气正、能力强、在全市乃至全国教育界具有较强学术影响力的名师队伍。经历“文化大革命”前十余年的艰苦奋斗，天津一中逐步由一所普通公办中学发展为面向全国基础教育界推广经验的名校。“文化大革命”期间，韦力同志虽然身处逆境，但始终没有改变自己对于人民教育事业的忠诚与热爱。“文化大革命”结束后，韦力同志坚持拨乱反正，大力整顿校风、教风、学风，使天津一中的办学水平恢复并超越了“文化大革命”前的水平，天津一中跻身天津市首批重点中学之列，逐步发展为全市乃至全国基础教育界的排头兵。

韦力同志注重总结“文化大革命”前十七年间的办学经验，凝练出以校训、办学宗旨为代表的一系列研究成果，夯实学校持续发展的校史和文化基础。他注重研究新时期党对教育工作和人才工作的新要求，围绕“三个面向”，在推进风气建设、名师培养、学生全面发展等方面进行了很多具有开创性的探索实践，进一步提升了学校的办学质量和学术地位。他注重以学校的优良传统为纽带，团结各界校友，鼓励和带动校友们将一中人的优秀品格融入自身所在的各条战线和从事的各项工作中，为党和国家作出更多贡献，实现文化的代际传承，增强风气育人的持久性。20世纪90年代离休以后，韦力同志依然以饱满的热情和认真的态度，关心和支持学校的各项工作，在深入总结学校优良传统和办学特色以及增进海内外校友情谊等方面投入了很多精力。2007年学校建校六十周年之际，韦力同志将担任校长四十一年的工作心得概括为“校贵质量，校风第一；教贵育人，师德第一；学贵精博，智能第一；管贵效益，威信第一”，为天津一中开创发展的新局面提供了宝贵经验和精神动力。2017年学校建校七十周年之际，九十四岁高龄的韦力同志挥毫写下“与祖国共辉煌”的寄语，激励一中人在前进道路上传承红色基因、坚定正确方向。

伴随着天津一中教育事业的发展，韦力同志也从一名基层教育工作者逐步成长为在全市、全国乃至亚太地区具有崇高威望和学术影响力的人民教育家。他先后担任全国教育学会第一届管理学会副会长、全国高级中学校长协会会长、全国教育科研规划领导小组成员和两届全国人大代表，先后荣获全国优秀校长、天津市劳动模范、天津市特等劳动模范等荣誉称号。1982年，他被联合国教科文组织授予亚太地区中国普通教育专家称号。1993年和1994年，他先后两次应邀到北京参加政府工作报告讨论稿的意见征求工作。

韦力同志革命生涯中的绝大多数时间都是在天津一中度过的。从不满三十岁的青年一直到耄耋之年的老者，他将自己全部的热情、智慧和精力都投入到了天津一中的教育事业中。以韦力同志为代表的几代一中人，以强烈的使命感和责任感，走出了一条中国共产党领导下办好基础教育的典范之路。在这一过程中，韦力同志成为受全体师生和历届校友爱戴、在全国享有“北韦南段”之盛誉的人民教育家。

韦力同志曾经与同事和学生们谈起自己小时候的志向是做飞行员，开着飞机去和日本帝国主义拼命。正是年少时耳闻目睹了旧中国的悲惨境遇，使得他对于革命有了坚如磐石的信念，对于救国有了火一般炽烈的热忱。在调入天津一中工作之前，市领导找到他，叮嘱他要办共产党人自己的学校、要立志做共产党的教育家。这一

嘱托成为他为之奋斗七十余年的人生追求。作为共产党员，韦力同志一直没有停止思考如何为党的事业培育人才，让千百万人民群众的孩子拥有良好的受教育的机会。他以身作则，把共产党人实事求是的态度、真抓实干的精神、吃苦耐劳的品格融入学校建设和学生教育之中。老同志盛赞他给一中带来了延安精神，是无产阶级教育家。在创业历程中，面对铁皮陋室的艰苦环境或是特殊时期的政治风浪，他从没有消极畏难；面对学校办学中的显著成绩和各项荣誉，他从没有停步不前。他所做的就是以始终如一的坚守、勇争第一的热忱、昂扬的姿态和客观的分析去研究问题、实现突破。

正入万山围子里，一山放出一山拦！教育关乎党之大计、国之大计和满足人民美好生活需要，今天的教育工作者，肩负着日益艰巨的育人使命，承担着日趋复杂的工作任务。韦力同志用毕生奋斗铸就的忠诚与担当，正是让我们这些后人站稳脚跟、坚定步伐的精神之钙。

后 记

编辑出版《韦力教育文集》是纪念韦力同志诞辰一百周年系列活动的重点项目。

韦力同志在工作期间，勤于探索，笔耕不辍，撰写了很多学术论文、工作报告、札记和随笔。离休之后，韦力同志认真总结办学治校的成功经验，热情参与校友联谊活动，留下了不少感言、寄语。此外，《中国教育报》《天津教育报》等报刊的记者，对韦力同志做过专题采访并进行了宣传报道。这些报道记录了韦力同志对基础教育工作数十年实践的深度思考和总结。上述文献资料，为我们此次的文集编纂工作奠定了基础。

在建校六十周年时，天津一中完成了校史馆第一期（1947—2007年）的建设工程。在筹建校史馆期间，相关负责同志对韦力同志的相关文章、影像资料进行了整理，并在校史馆中以“韦力校长教育思想概览”为题，总结出二十个思想要点，设置了专门展区。由李新、于异、华建等同志主持编辑的《中国名校优良传统丛书——天津市第一中学分册》，在全面总结学校发展历史和优良传统的同时，对韦力同志的办学思想以“摘录”的形式呈现。对于

韦力同志办学治校的实践及经验，时任校长办公室主任孙建昆同志在主持撰写的校史简话中进行了记述和总结。从事校友会工作多年并作为主要联络人的原政教处主任赵维忠同志，积极推动校友会刊物《同窗益友》的编辑出版，以此刊物为阵地，汇集了大量的校友回忆文章，特别是有关韦力同志的回忆文章。在建校七十周年时，学校组织队伍，撰写了《站在潮头，思考原点——天津市第一中学学校文化建设的实践研究》一书。时任教育科学研究室副主任薛洪国同志在撰写序言时，对韦力同志的教育思考与探索进行了阐释。以上这些工作的成果，为本次文集的编辑出版提供了重要参考。

本次文集编辑出版工作是在校党委书记李翠松同志、校长杨静武同志、校纪委书记李莉同志的直接指导下进行的。学校成立了由校领导班子成员组成的编委会。在编委会领导下，校教育科学研究室牵头组建了由校长办公室职员、未来教育家学校学员代表、一中毕业生回校任教的教师代表组成的工作组。在历时近十个月的筹备和具体编纂工作期间，编委会及工作组主要成员两赴清华大学，向校友代表、清华大学校史馆及档案馆负责人范宝龙老师求教，并就书稿的体例向校友代表征求意见。

由于文集重在呈现韦力同志在不同时期的探索中形成的各类经验，因此编委会决定将文集的名称确定为《韦力教育文集》。在汇总整理的各类文稿中，工作组力求筛选出完整且具有代表性的文章收入文集。对于一些较短的论述、感言和随笔，工作组也做了汇总分类，但考虑到今后此类文字还可能会被陆续发现，故未收入本文集中。

工作组的同志们本着对学校负责、向老校长致敬、为新中国基础教育留存宝贵经验的态度，精诚协作。工作组的主要同志及分工如下。

薛洪国：总体校对韦力同志文稿，审读和修订各专题导言，撰写序言、韦力同志生平及后记。

田蕾、陈之景、董智佳、宋冠青、孙琦、高琪、王茗岩、王心、赵千叶、高曼、韩慧鹏、孙宝宸、王晨：汇总、排序、扫描韦力同志文稿。

杨珺、张君、池维强、何乃馨、李嘉桐、高琪、高曼：校对整理各部分文稿并撰写各专题导言。

闫芳、申奕、刘媛、刘旭、张春秋、马怀萍、张君：作为毕业生回校任教的教师代表，参与文稿校对并撰写读后感。

薛洪国、王宁：整理汇总拟收入文集中的各类照片并撰写照片说明。

特别要感谢著名教育家顾明远先生为《韦力教育文集》题词——“为国育才，治校先贤”。

正是如上各位同志及校内外朋友的共同协作，才使得这部文集能够在纪念韦力同志诞辰百年之际呈现在广大读者、各届校友及教育界同仁面前。衷心希望它能为教育强国建设提供参考。

由于水平有限，文集中难免存在疏漏和不足之处，敬请各界朋友多多指正。

《韦力教育文集》编委会

2023年11月